Harald Hauswald
Alexanderplatz

Harald Hauswald

Alexanderplatz

Fotografische und literarische Erinnerungen

Mit Texten von Freya Klier, Katja Lange-Müller, Jutta Voigt, Christian Bahr, Horst Bosetzky, Thomas Brussig, Markus Deggerich, Christoph Dieckmann, Jan Eik, Uwe Kolbe, Alexander Osang, Lutz Rathenow, Lars von Törne und Peter Wensierski

Jaron Verlag

Entstanden in Zusammenarbeit mit:

Berlin
Landeszentrale für
politische Bildungsarbeit

Foto S. 6: Unterm Fernsehturm, 1979
Foto S. 128: Unterm Fernsehturm, 2001

Originalausgabe
1. Auflage 2007

www.jaron-verlag.de
Umschlaggestaltung: Atelier Kattner, Berlin, unter Verwendung eines Fotos von Harald Hauswald (Anstehen am Fernsehturm, 2006)
Satz und Layout: Jaron Verlag GmbH, Berlin
Lithographie: LVD GmbH, Berlin
Druck und Bindung: Westermann Druck Zwickau

ISBN 978-3-89773-568-2

Inhalt

Harald Hauswald Ein magischer Ort

Ende der siebziger Jahre machte ich meine ersten Fotos am Alex. Gerade frisch aus der Provinz – sprich: Radebeul bei Dresden – in Berlin Prenzlauer Berg angekommen, unternahm ich Erkundungstouren in die neue Umgebung, bis zum Alexanderplatz. Ich hatte erfahren, dass das „Posthorn“ nahe dem Fernsehturm, auch „Tute“ genannt, zu den angesagtesten Treffpunkten unseres Teils der Stadt gehörte.

Damals gab es noch kein „Projekt Alex“. Ich fotografierte einfach wild drauflos. Jahre später stellte ich fest, dass ich viele meiner Motive bei verschiedenen Veranstaltungen rings um den Platz, wie den Pfingstreffen der FDJ und dem jährlich stattfindenden Solidaritätsbasar der Journalisten, gefunden hatte. Deshalb erweiterte ich das Jagdgebiet Alexanderplatz bis zum Roten Rathaus und der Marienkirche in die eine Richtung und in die andere ein Stück in die Karl-Marx-Allee hinein, dem Auslauf der 1.-Mai-Aufmärsche, bis zum großen Parkplatz Dircksenstraße, auf dem der Weihnachtsmarkt stattfand.

Mitte der achtziger Jahre ging ich gezielt über zwei Jahre lang alle zwei Monate zum Alex und zum Fernsehturm. Ich hatte mir vorgenommen, jeweils so lange auszuharren, bis ich wenigstens ein neues gutes Bild gefunden hatte. Denn eigentlich gab es auf dem Alex – Veranstaltungen ausgenommen, die leider viel zu selten stattfanden – nichts zu fotografieren; außer viel Wind war dort nichts los.

Mich reizt immer wieder die Konstellation zwischen Architektur und Mensch, besonders um den Fernsehturm herum. Die Räume dieses Gebietes und die sich darin bewegenden und begegnenden Leute finde ich sehr spannend. Sie bieten sich förmlich für grafische Experimente an. Karim Saab schrieb in einem Porträt über mich zu diesen Bildern: „Wenn sich zwei Menschen begegnen, entsteht etwas Drittes.“

Für mein fotografisches Empfinden bietet mir genau dieser Platz am häufigsten die Möglichkeit, solche Momente zu finden. Nicht zuletzt deshalb, weil wohl kein anderer Ort in dieser Stadt so viele magisch Durchgeknallte und Abgedrehte der Gesellschaft anzieht, die hier ihre Bühne finden.

Zu DDR-Zeiten gab es hier den einen oder anderen denkwürdigen Vorfall, wie einige Texte in diesem Buch eindrucksvoll bestätigen. Mir wurde berichtet, dass Anfang der achtziger Jahre bei einem Saufgelage im „Posthorn“ der ABV (Abschnittsbevollmächtigte) abgefüllt wurde und man ihn um seine Dienstpistole erleichterte. Er ward nie wieder gesehen. Für viele aus der Prenzlauer-Berg-Szene war dieses Café, neben dem Franzclub, einer der ergiebigsten Orte, um Frauen „aufzureißen“. Auch ich lernte hier viele Leute kennen, nicht nur Frauen.

1980 schlenderte ich auf Motivsuche um den Alex-Brunnen, auch Nuttenbrosche genannt, herum und wurde von einem jungen Mann angesprochen, der wissen wollte, wie er zurück zur Friedrichstraße käme. Ich antwortete: „Wohl nicht viel los hier?“ Wir kamen ins Plaudern, landeten bei mir zum Abendessen und danach in einer Szenekneipe. Gerade noch rechtzeitig schaffte er es zum Grenzübergang. Zwei Monate später kamen dann Ralf und seine Freundin Marion aus Mühlheim/Ruhr mit einem Visum und blieben zehn Tage. Ralf fotografierte mit Canon und gab mir für die Dauer des Besuches eine seiner Kameras. Als er wieder weg war und ich zu meiner Praktica griff, wurden mir schlagartig die technischen Unterschiede bewusst. Ich veröffentlichte damals schon meine Fotos im Westen, und so brachte mir bald ein Freund aus West-Berlin meine erste selbstverdiente Canon-Kamera mit. Zwischen Ralf und mir besteht bis heute eine Freundschaft.

Nach dem überaus ermutigenden Erfolg der Neuausgabe von „Ost-Berlin“ (2005) und des Bildbandes „Gewendet“ (2006) fand ich es an der Zeit, eine Auswahl meiner Alexanderplatz-Fotografien aus drei Jahrzehnten zu einem Buch zusammenzustellen. Entstanden ist freilich weitaus mehr als ein Fotoband – nämlich eine vielschichtige Sammlung literarischer und fotografischer Erinnerungen an diesen magischen Platz.

Ganz herzlich möchte ich mich bei den beteiligten Autoren bedanken. Mit einigen habe ich schon zusammengearbeitet, und mit vielen bin ich schon länger befreundet. Besonders habe ich mich darüber gefreut, dass sich alle von mir Angesprochenen, trotz nicht gerade üppigen Honorars, spontan bereit erklärten, an diesem Projekt mitzuwirken. So wurde „Alexanderplatz“ auch zu einem Treffen einiger der wichtigsten ostdeutschen Schriftsteller.

Boutique, Dienstleistungen, Drogerie,
Geschenke, Lebensmittel, Musik & Film, Presse &
Schmuck, Technik und mehr
Clever shoppen, jeden Tag.
365 Tage im Jahr.«
Auch an Sonn-
und Feiertagen!
Die Bahn DB

2005

Christian Bahr Alexanderplatz – der verhinderte Weltstadtplatz

Perfekt sollte er werden, neuartig und wie aus einem Guss. Die Stadträte für Bauen und Verkehr, Martin Wagner und Ernst Reuter, hatten einen Plan ausgetüftelt, der zuerst die Fachwelt verblüffte und später auch die Berliner erstaunen ließ. Öffentlicher Nahverkehr auf fünf Ebenen, der sich ungehindert kreuzt! Ein neuer U-Bahnhof, der vier Linien verknüpft! Eine unterirdische Ladenpassage! Kreuzungsfreie Bündelung von fünf Straßen! Ein halbkreisförmiges Bürohaus, welches zwei Magistralen überbrückt. Eine sensationelle Liste von Superlativen, die völlig utopisch klangen. Nichts davon hatte man zuvor in Deutschland gesehen. Denn als Architekt Martin Wagner die Vision vom „Weltstadtplatz" veröffentlichte, schrieb man das Jahr 1928.

Zum modernsten Verkehrsknotenpunkt Deutschlands wollten die beiden Berliner Chefplaner den Alexanderplatz umgestalten. Und ihn dabei vom Keller bis zum Giebel komplett umkrempeln. Es war das erste spektakuläre Berliner Großprojekt des 20. Jahrhunderts – lange vor den fiebrigen Schüben Berliner Bauphasen nach dem Ende des Zweiten Weltkrieges und nach der Wiedervereinigung.

Ernst Reuter wollte mit dem Bau gleich drei neuer U-Bahnlinien, die sich unter dem Alexanderplatz trafen, den Siegeszug der elektrisch angetriebenen Verkehrsmittel beschleunigen. Kombiniert mit Straßenbahn und Stadtbahn, sollte der betagte Platz zum Karussell der mobilen Gesellschaft werden. Martin Wagner schwebte nicht nur eine praktische Anlage vor. Ein epochemachendes Ensemble dachte er sich für die Hauptstadt der jungen Demokratie aus, die damals zu den innovativsten und experimentierfreudigsten Metropolen der Welt gehörte. Ein wegweisender Entwurf, der sich vom schwülstigen Baustil der untergegangenen Kaiserzeit abhob, mit vertrauten Sehgewohnheiten brach und den Städtebau revolutionierte. Wagner hatte ein bis dato ungewöhnliches Konzept von Stadt im Sinn: funktional, nüchtern und uniform.

Mitte der 1920er Jahre war der Alex ein Platz, wie er in vielen Städten zu finden ist. Ein beiläufig entstandener Freiraum, welcher ursprünglich vor den Toren der mittelalterlichen Stadtmauer lag, von der wachsenden Gemeinde einverleibt wurde und sich über die Jahrhunderte ungeplant herausbildete. Ein richtiges Straßenkind eben, von der Realität geformt und der Obrigkeit geduldet, kein schmucker Sprössling der Stadtplaner im Dienst der Krone wie die sehr viel jüngeren, akkurat angelegten, geometrischen Anlagen namens Pariser, Leipziger und Belle-Alliance-Platz (Mehringplatz). Seinen hohen Rang im Stadtorganismus musste sich der Ort wortwörtlich hart erarbeiten: als Handelsplatz.

Kaufleute, die vom Osten oder der Ostsee nach Berlin wollten, kamen an diesem Flecken nicht vorbei. Seit der Stadtgründung im 13. Jahrhundert lag er am Ende einer Handelsstraße, welche die Residenzstadt in der Mark Brandenburg mit den Hansestädten der Ostsee verband. Der expandierende Geschäftsverkehr machte sich an den seit Mitte des 17. Jahrhunderts erhobenen Zöllen bemerkbar. Am damaligen Georgentor waren die Einnahmen besonders reichhaltig. Die wichtigsten Handelsströme flossen hier zusammen und prägten den Alltag am östlichen Zugang zu Berlin. Der immer noch namenlose, obwohl bereits bebaute Bereich vor der Festung machte Karriere und erhielt 1681 seine Aufgabe als Viehmarkt. Damit bekam der spätere Alexanderplatz seine erste, für heutige Ohren wenig schmeichelhafte Bezeichnung als „Ochsenmarkt".

Mitte des 18. Jahrhunderts gesellte sich auch noch ein Wollmarkt dazu. Der Platz war mittlerweile Bindeglied zwischen der rasant wuchernden Königsvorstadt und dem alten Kern Berlins. Unaufhörlich pumpten die vier wichtigen Überlandstraßen (von Landsberg, Oderberg, Bernau und Prenzlau) Menschen und Güter auf den Marktplatz. Noch 1885, als Festungsmauern und Stadttore längst der Vergangenheit angehörten und das Areal nunmehr im Zentrum der Hauptstadt lag, stand, wie eine frühe Fotografie des Alexanderplatzes zeigt, das geschäftige und chaotisch anmutende Treiben unter freiem Himmel im Vordergrund. Keine zwei Blöcke von dieser ersten Adresse für den Warenaustausch entfernt baute die Stadt zu der Zeit die neuen Zentralmarkthallen – und verlagerte sie nicht etwa an den Stadtrand. Ein Jahr später verzog sich die merkantile Menschenmasse in jene Hallen, die nach dem Zweiten Weltkrieg, dem neuen

Straßenzug Karl-Liebknecht-Straße im Wege stehend, abgerissen wurden.

Das großzügige Gelände am Ochsenmarkt nahm das preußische Militär bis Ende des 19. Jahrhunderts teilweise als Exerzierfeld in Beschlag. Deshalb führte die südliche Hälfte des Platzes – ungefähr die Stelle, wo heute Alexanderstraße und Bankhaus aufeinandertreffen – lange Zeit auch noch die zweite Bezeichnung „Paradeplatz". Diese Tradition belebte ausgerechnet die DDR wieder, indem sie die überbreite Verkehrschneise im Zuge der Karl-Marx-Allee als Aufmarschgelände konzipierte und bis zum 40. Gründungstag 1989 für Militärparaden nutzte.

Die lieblosen Gebrauchsbegriffe „Ochsenmarkt" und „Paradeplatz" verschwanden erst dank eines hohen Staatsbesuches aus den Berliner Stadtplänen: Als der russische Zar Alexander I. im Jahre 1805 dem preußischen König die Ehre erwies, wurde er auf dem Paradeplatz empfangen, der als freundschaftliche Geste danach in „Alexanderplatz" umgetauft wurde.

Das Ende des emsigen Markttreibens fiel in eine Zeit, als der Bereich rund um den Alexanderplatz einen enormen Bedeutungszuwachs erlebte. Großbauten entstanden, die die gestiegenen Ansprüche der explosionsartig gewachsenen Industriemetropole erfüllten. Neben den Zentralmarkthallen wurden das riesige Polizeipräsidium (1886) und das Grand Hotel (1884) errichtet. Durch den Bau der Stadtbahn und des Bahnhofs (1882) wurde der Alexanderplatz an das überregionale Schienennetz angeschlossen, wodurch seine Umgebung beschleunigt zum wichtigen Geschäftsviertel prosperierte.

Obwohl das Volumen der Neubauten die gewohnten Maßstäbe sprengte, tasteten sie keineswegs die eigenwillige, sich jeder Schablone widersetzende zweigeteilte Struktur an, die sich über 200 Jahre hinweg am Alexanderplatz unbehelligt herausgebildet hatte. So fügte sich auch das 1904/05 erbaute, architektonisch-eindrucksvolle Kaufhaus Tietz (von Cremer & Wolffenstein) dem beengten Zuschnitt des gewählten Areals an der nordwestlichen Platzkante und vergrößerte sich bis 1911 gezwungenermaßen schlauchartig zwischen Königsgraben und damaliger Alexanderstraße. Die dadurch entstandene Gebäudefront an der Alexanderstraße erstreckte sich auf 250 Meter und zählte zu den längsten Kaufhausfassaden der Welt. Trotz der Veränderungen ließ das Erscheinungsbild des Alexanderplatzes weiterhin eher an eine Kleinstadt denn an eine Millionen-Metropole denken.

Diese mediokre, kleinteilige Kulisse wollte der reformfreudige Stadtbaurat Wagner beseitigen – und zwar radikal. Der umtriebige, reich bevölkerte, aber doch wenig attraktive Alex sollte seiner Bedeutung entsprechend sichtbar zum Hauptplatz Berlins aufgemotzt werden. Dem Chefplaner schwebte ein schlagkräftiges und effizientes Zentrum vor, welches die bereits offenkundigen Probleme der beginnenden Motorisierung der Gesellschaft bewältigen konnte. Das Straßenknäuel gehörte schließlich zu den am stärksten belasteten Verkehrsknoten Europas. Zwischen den Weltkriegen stieg die Zahl der Kraftfahrzeuge, die den Alex passierten, von 1200 auf rund 229 000 pro Tag. Dabei drängten sich die Fahrzeuge auf einer Fläche, die nicht mal ein Drittel der heutigen Ausdehnung der verkehrsberuhigten Zone besaß. Als wichtiger Zugang zur Innenstadt groß geworden, belastete den Alex nun der anschwellende Verkehrsstrom der fünf wichtigen Straßen, die auf ihn zuliefen. Dieses Nadelöhr war nicht fit für die Anforderungen der Moderne. Wagner ersann daher erstmals für Berlin einen Kreisverkehr – Vorbild für die Nachkriegskreisel am Strausberger und am Ernst-Reuter-Platz.

Unter der Erde wurde zwischen 1927 und 1931 der größte U-Bahnhof Berlins errichtet. Konzipiert für gleich drei neue U-Bahnlinien, die sich mit der bereits bestehenden Strecke von 1913 kreuzten. Zwei der geplanten Strecken – die heutigen Linien U5 und U8 – wurden realisiert. Eine sachlich schnörkellose Station auf drei Etagen, deren weiträumige Verteilerebene wegen ihrer Größe noch immer erstaunt, entwarf Alfred Grenander.

Die Dynamik des Verkehrs sollte sich auch in der geplanten Neubebauung widerspiegeln. Ein zeitgemäßes Auftreten wünschte sich die erste Demokratie für den während der Monarchie nachlässig behandelten Ort. Wagner erkannte die verborgene Idealform in der amorphen Schale und präsentierte den Platz als perfekte Perle der Moderne. Zirkelte einen hufeisenförmigen Grundriss und schlug eine einheitliche, fast geschlossene hohe Umbauung vor, die den Alexanderplatz in ein Aushängeschild der architektonischen Avantgarde verwandelte. Selbst das relativ neue Warenhaus Tietz erklärte sich bereit, sich entsprechend dem Stil der Neuen Sachlichkeit einzukleiden.

Auf der Grundlage des Wagner-Planes siegten die Brüder Luckhardt & Alfons Anker im städtebaulichen Wettbewerb von 1929 mit dem elegantesten und vollkommensten Architekturmodell, das im 20. Jahrhundert jemals für Berlin ersonnen wurde. Anstatt der bestechend schwungvollen, dynamischen Lösung wurde jedoch der Entwurf des zweitplatzierten Peter Behrens für den Umbau ausgewählt. Dessen beide Bürohäuser „Alexander“ und „Berolina“ – 1929 bis 1932 erbaut – begrenzen noch heute die westliche Platzkante und sind somit neben der U-Bahnstation die einzigen Zeugnisse der enthusiastischen Ära am Ende der Weimarer Republik. Nach fünf Jahren Bautätigkeit kam das grandiose Städtebauprojekt zum Erliegen: Die Weltwirtschaftskrise und die Machtergreifung der Nationalsozialisten verhinderten die vollständige Umsetzung des Planes.

Der von Wagner initiierte Ausbau war ein Wendepunkt in der Entwicklung des Alexanderplatzes, dessen Folgen weder gewollt noch vorhersehbar waren. In den vier folgenden Jahrzehnten verschwand Quadratmeter um Quadratmeter städtische Bebauung, blähte sich der einst so beschauliche Marktplatz zu einer uferlosen Betonwüste auf. Stein um Stein verlor er dabei seine Seele. Für den Bau des Alexanderhauses musste erstmals ein ganzes Karree weichen. Dem Abriss fiel damit das ehemalige Königstädter Theater zum Opfer, in dem sich die populäre und preisgünstige Schankstätte „Aschinger“ befand. Auf der Ostseite verdrängte der neue Kreisverkehr ebenso einen gesamten Block und damit das traditionsreiche „Haus zum Hirschen“.

Weitaus brutaler aber waren die Folgen des Krieges. Die enorme Zerstörung der östlichen Innenstadt riss den Platz aus seiner mit ihm gewachsenen Umgebung heraus und beraubte ihn somit seiner Funktion.

Die DDR zementierte diesen Zustand. Ihre großspurige „Neugestaltung der Berliner Innenstadt“ war nur der Versuch, den kriegsverwundeten Stadtkörper durch rigorose Amputationen zu retten. Rücksichtslos und deprimierend einfallslos war das Ergebnis des 1964 ausgerichteten Wettbewerbes. Sämtliche Straßen, denen der Alex seine Entstehung, seine Karriere und seine gesamtstädtische Rolle verdankte, wurden abgekappt und an ihm vorbeigeführt. Damit fand sich der Alexanderplatz dort wieder, wo sein Dasein begonnen hatte: außerhalb der Stadt. Einst durch Stadtmauer und Festungsgraben isoliert, wurde er nun durch gigantische Verkehrsschneisen vom bewohnten Häusermeer separiert. Wie im Mittelalter entstand wieder ein Ort, den man nur gezwungenermaßen ansteuert, weil sich dort die Verkehrswege kreuzen.

Die Metamorphose des Alexanderplatzes im zurückliegenden Jahrhundert ist eine schmerzhafte Geschichte der Selbstauflösung. Zum Verhängnis wurde ihm, als Schaubühne für die schöne neue Welt des Städtebaus ausgewählt worden zu sein. Nach zwei Wettbewerben, die jeweils radikal seine Form und vor allem Ausdehnung veränderten, ist er als Platz nicht mehr erkennbar.

Seit 1993, dem Jahr des dritten städtebaulichen Wettbewerbes, schwebt nun die Hoffnung über der Freifläche, in Zukunft wieder städtische Konturen und urbane Atmosphäre zu erhalten. Das Potential dazu ist durch die herausragende Stellung im Nahverkehr und die dadurch entstehende Ansammlung von Menschen nach wie vor vorhanden. Eine Mischung, die bereits Geschäftstüchtige anlockt. Mit dem Bau des Shoppingzentrums „Alexa“, der Vergrößerung des Kaufhauses am Platz im Jahre 2006 und dem 2007 gestarteten Neubau des Geschäftshauses „Die Mitte“ im Osten rückt die Stadt dem Alex wieder auf den Pelz.

2007

2006

1986

Thomas Brussig Die Wahrheit der Bauchbinde

Ich kann nichts dafür, dass ich da aufgewachsen bin. Im Mai 1970 zogen wir (meine Eltern, mein Bruder und ich) aus einer Dreieinhalb-Zimmer-Wohnung in Prenzlauer Berg, wo wir mit Oma und Onkel gelebt hatten, in die Rathauspassagen am Alexanderplatz. Es war so was wie der Sechser im Lotto. Meine Eltern wohnen noch heute in der Wohnung, in die wir damals einzogen, und ich wurde ein Kind, das im Herzen der sozialistischen Metropole aufwuchs.

Die Lektionen, die mir am Alexanderplatz erteilt wurden und über die ich im Folgenden schreiben werde, hätte ich auch billiger haben können. Ich hätte nur die Bauchbinde ernst nehmen müssen. Die Bauchbinde ist ein überdimensionales, die gesamte Fassade umlaufendes Mosaikfries am Haus des Lehrers. Es zeigt die neue Menschengemeinschaft in vollendeter Harmonie, groß dimensioniert und im Stil des sozialistischen Realismus: Ein Stahlarbeiter hantiert an einer Bessemer-Birne, ein Ingenieur durchdenkt Berechnungen, ein Künstler porträtiert den neuen Menschen. Ein Paar liegt zweisam, doch züchtig gekleidet am Seeufer, Mädchen tanzen einen Reigen, Kinder überreichen Radrennfahrern Blumen. Ein Forscherblick blickt forschend in den Erlenmeyerkolben. Eine Mutter (oder Kindergärtnerin?) hat ein Kind im Arm. Die Genossenschaftsbäuerin gibt's, wie auch den Soldaten. Ein Lehrer unterrichtet gleichzeitig vier Schüler in den fünf Fächern Mathematik, Geographie, Astronomie, Biologie und Chemie. Ein Chirurg, bereits mit Mundschutz, steht vor einem Operationstisch ohne Patienten. Im Sozialismus erkrankt man eben nicht. Es gab übrigens auch keine Penner, keine schrillen Vögel, keine langhaarigen Jugendlichen, keine Einzelgänger, keine Fußballfans, keine Biertrinker. Nicht mal Musik. Die sozialistische Idylle präsentierte sich zugleich als totale Langeweile.

Hiermit sei es gestanden: Ich wollte mal Polizist werden, Kriminalist. Der Nachwuchs der Deutschen Volkspolizei wurde angehalten, sich als „Freiwilliger Helfer der Volkspolizei" zur Verfügung zu stellen. Das war das Uncoolste, was es überhaupt gab. Man bekam eine rote Armbinde mit einem Polizeistern, einen Ausweis und sollte bürgerwehrähnliche Patrouillengänge machen, anfangs in Begleitung des ABV, also des Revierpolizisten.

Zu meinem ersten Einsatz kam es während eines Pfingsttreffens, ich glaube, 1983. Es war ein Samstagnachmittag, und mein ABV stellte sich mit mir genau neben die Haustür der Rathausstraße 7, des Hauses, in dem ich wohnte.

Die Rathausstraße war voll von Menschen. Voll von Blauhemden. Blauhemden, die an uns vorüberzogen, die auf den Alex strömten oder von da kamen. In diesem Meer von Blau tauchte ein weinrot-erdfarbenes, weites Baumwollkleid auf, das eine Achtzehnjährige trug. Der ABV stellte sich in ihren Weg. Sie solle sich ausweisen und erklären, was sie hier wolle. Bei dieser Begegnung begriff ich, wie Peinlichkeit entsteht: wenn du plötzlich durch bloße Anwesenheit zum Komplizen einer Situation gemacht wirst, ohne es sein zu wollen.

Die Achtzehnjährige war von der Küste, und auf die Frage, was sie hier zu suchen habe, sagte sie etwas Schlagfertiges, das durch ihren norddeutschen Akzent noch gewann. Ich musste lachen. Ich war total auf ihrer Seite – ich hätte sie sein können! Ich fand es völlig daneben, jemanden wie sie zu kontrollieren.

Am Dienstag, als der ABV seine Sprechstunde hatte, gab ich Binde und Ausweis zurück. Was ich behielt: das Verständnis für politisch gefärbte Jugendsünden und für die Scham, dies einfach zu bekennen.

Weil ich zum Zeitpunkt meiner Musterung Kriminalist werden wollte, wurde ich zur Bereitschaftspolizei eingezogen. Das hieß: die gleiche Art der Kasernierung, die gleichen Urlaubsbestimmungen wie bei der Armee. Der gleiche Sold. Nur die Uniformen und Dienstgrade waren anders.

Und die Einsatzaufgaben. Nur wenige Tage nach meiner Grundausbildung in Basdorf bei Berlin wurde die Kompanie zum Alexanderplatz geschickt, um an den Eingängen des Berliner Weihnachtsmarktes die normalen Polizeistreifen zu verstärken – diejenigen, die im Kinderlied als „der Volkspolizist, der es gut mit uns meint", besungen werden, „er bringt uns hinüber, er ist unser Freund". Die Streifenpolizisten fischten an den Eingängen Leute mit Berlin-Verbot heraus.

Das bedarf einer genaueren Erklärung. Das sogenannte Berlin-Verbot war eine gerichtliche Auflage für Leute, die so ganz und gar nicht auf der Bauchbinde vorkamen: Punks, Dissidenten, aber auch Assis. Berlin-Verbot wurde oft mit einer anderen Strafe kombiniert. Das offizielle Wort hieß wohl Aufenthaltsbeschränkung, so dass selbst der normale Gerichtsreportagen-Leser nicht die volle Wahrheit erfuhr, wenn er las, dass der oder die Angeklagte zu einer Bewährungsstrafe von zweieinhalb Jahren, verbunden mit einer ebenso langen Aufenthaltsbeschränkung, verurteilt wurde. Wer Berlin-Verbot bekam, dessen Personalausweis wurde eingezogen, und er bekam stattdessen einen behelfsmäßigen Personalausweis, einen sogenannten PM 12. Das alles lernte ich an jenem Nachmittag.

Die Streifenpolizisten hatten ein präzises Auge für ihre Opfer. Fast jeder Angesprochene konnte nur einen PM 12 vorweisen. Der Weihnachtsmarkt schien ein Treffpunkt von Berlin-Verbotlern zu sein. Sie waren nicht schwer zu erkennen, meist waren es traurige, abgerissene Gestalten. Richtige Säufer. Wir Bereitschaftspolizisten sollten die Delinquenten dann zu einer Baracke bringen, die zum Hinterland des Weihnachtsmarktes gehörte. *Ich bring euch hinüber und bin nicht euer Freund*, dachte ich. Ich vermied es, die Leute anzufassen; sie stanken, und ihre Sachen waren speckig, klebrig und verdreckt.

In der Baracke warteten mein Zugführer, der Oberleutnant Grugel, und zwei Unteroffiziere, Kempter und Hasselfeld. Es gab außerdem einen Wehrpflichtigen, der ihnen als „Ordonnanz" zugeteilt war, was bedeutete, dass er den Kaffeekoch gab. Ich lieferte meine Illegalen dort ab und übergab den PM 12. Einer der Illegalen bat mich auf dem Weg – es waren drei Minuten im Weihnachtsmarkt-Gewimmel –, ich möge ihn doch einfach laufenlassen. „Die haun mich doch", sagte er ängstlich. Er hatte eine Fahne und stank nach Pisse. Ich lachte nur, schüttelte den Kopf und lieferte auch ihn ab.

Nach dem Einsatz, auf der Ladefläche des Lkw, fragte ich die Ordonnanz, wie die Leute denn ausgesehen haben, die da gekommen waren. „Na, hinterher sahn die nicht mehr gut aus", sagte er. Wie bitte? „Als wenn die mitm Kopp inne Bordsteinkante geknallt wären." Das solle er mir mal bitte erklären – doch meine erschrockenen Fragen sagten ihm, dass er schon zu viel verraten hatte, und er hielt eingeschüchtert den Mund. Kempter und Hasselfeld leiteten so eine Art Karate-Gruppe auf der Kompanie. Haben die wirklich am lebenden Objekt …? Ich hielt Geschichten, wonach die Polizei Leute zusammenschlägt und sie hinterher unterschreiben lässt, sie seien eine Treppe runtergefallen, immer für Spinnereien von Wichtigtuern. Nun war ich selbst Komplize geworden.

Ich hatte da bereits begonnen, Tagebuch zu führen – was Wehrpflichtigen streng verboten war. Einmal wurde mein Schrank heimlich durchsucht. Das Tagebuch wurde gefunden. Die Kompanie musste antreten, ich wurde vor die Truppe gerufen, und dann las Oberleutnant Grugel aus meinem Tagebuch vor. Erst wehrlose Menschen schlagen, und nun das. Er war sich für nichts zu schade.

Das Tagebuch wurde einem Militärstaatsanwalt übergeben, und ich wurde nach Leipzig versetzt. Doch die Angelegenheit verlief im Sande. Wer erhebt schon gern eine Anklage, die auf dem zerquälten Tagebuch eines Achtzehnjährigen fußt? Das Tagebuch bekam ich nie wieder zu Gesicht.

Eine Sommernacht im Jahre 1985. Ich war allein zu Haus. Ich hatte das Fenster geöffnet, um etwas kühlere Luft einzulassen, und hörte von unten – Musik. Jemand saß in Gesellschaft auf dem Rand einer Rabatte und spielte Gitarre, sang dazu. Ein paar andere sangen mit, oder man klatschte oder schlug sich im Takt auf die Oberschenkel. Voll Blues-mäßig. Irgendwie Achtundsechziger-mäßig. Musik auf der Straße. So was hatte ich noch nie erlebt, schon gar nicht in der Rathausstraße. Da gab's höchstens Spielmannszüge, Sonntag früh um neun. Ich ging sofort runter.

Es ist fast unmöglich, diesen Moment zu erklären. Eigentlich ist gar nichts vorgefallen. Ein paar Jugendliche sitzen zusammen, machen Musik bzw. hören zu. Die Jugendlichen würden mit ihrem Leben bestimmt nicht das machen wollen, was für sie vorgesehen war. Sie hatten lange Haare, abgewetzte Jeans oder weite Baumwollkleider, Nickelbrillen, Hemden aus Opas Wäschetruhe oder die sogenannten Fleischerhemden, die im Handel „Schlosserhemden" hießen. Ich selbst hatte keine langen Haare mehr, musste mit dem blöden Armeeschnitt rumrennen. Aber das störte niemanden in der Gruppe auf der Rabatte. Für mich hatten diese Minuten was mit Freiheit zu tun. Ich war der Kaserne für ein paar Tage entronnen, die Nacht war lau und entspannt, die Gitarre hatte einen weichen, singenden Klang, und die Lieder gingen ins Weite. Eine Rotweinpulle kreiste. Warum kann das Leben nicht immer so sein, dachte ich. Nach ein paar Liedern wurden zwei Streifenpolizisten gesichtet. Der Gitarrist zog ein paar Rabatten weiter. Den Abend verlängerte es nur um einige Minuten. Ein Polizeiwagen fuhr langsam, fast im Schritttempo, auf dem Bürgersteig. Jemand sagte: „Achtung, Baby!" Der Polizeiwagen, ein Lada, hielt in etwa zwanzig Metern Entfernung. Der Motor ging aus. Der Gitarrist hörte auf zu spielen. Wir sahen zum Polizeiwagen. Nichts passierte. In der Gruppe wurde gemurmelt, wie wir uns verhalten sollten. Ein paarmal fiel leise der Spitzname *Baby*. Dann klappte eine uns abgewandte Wagentür, und Baby zeigte sich. Baby war so groß wie Häuptling Bromden, der Indianer aus dem Film „Einer flog über das Kuckucksnest", und er war auch so gebaut. Mit anderen Worten, Baby war riesig, ein Fleischberg, ein Viech. Baby stand hinter dem Wagen und schaute zu uns herüber. Schaute und schwieg. Wir verstanden, was er wollte. Auf der Bauchbinde waren singende Jugendliche nicht dargestellt. So was war eben nicht vorgesehen. Wir zerstreuten uns.

Am 7. Mai 1989 fanden Kommunalwahlen statt, deren Ergebnisse gefälscht waren. Der Buschfunk meldete, dass nun an jedem Monatssiebten um 17 Uhr auf dem Alex demonstriert werden sollte. So was erfuhr ich immer erst hinterher. Falls es an jenem 7. Juni eine Demo gab, schlug sie keine hohen Wellen. Am 7. Juli ging ich nicht hin, weil ich nicht dran glaubte, am 7. August war ich nicht in Berlin. Der Buschfunk meldete weiterhin, dass jeden Monatssiebten auf dem Alex protestiert würde. Also ging ich am 7. September hin. Ich verspätete mich um zehn Minuten. Der Alex war so leer und langweilig wie immer. Nirgends auch nur der Hauch von Protest. Wenn da um fünf was gewesen sein soll, dann sind die alle einkassiert worden, dachte ich und ging wieder. Was sollte ich sonst tun?

Genau einen Monat später, am 7. Oktober, dem Nationalfeiertag, war der Alexanderplatz voll. Das war er am 7. Oktober immer, aber an der Weltzeituhr standen tatsächlich ein paar hundert, die zum Protestieren gekommen waren. Die Atmosphäre war unglaublich gespannt. Als ich mich an jenem Tag auf den Weg machte, wusste ich, dass es weh tun wird. Ich war mir völlig im Klaren darüber, dass ich verdroschen, misshandelt, von Hunden gebissen oder überfahren werden konnte. Aber ich wollte so nicht weiterleben. Zwei Dinge hatte ich mir vorgenommen: Ich will mich nicht töten lassen, und ich will nicht töten. Und so stand ich da, inmitten von Hunderten, und wir fühlten so eine Mischung aus Entschlossenheit, Wut und nackter Angst. Wir machten uns mit Rufen Luft, „Gorbi, Gorbi" oder „Demokratie, jetzt oder nie". Was man eben so rief in jenen Tagen. Viele Westjournalisten waren da. Stasi natürlich auch. Damit sich die Stasileute untereinander nicht hauen, hatten die als Erkennungsmerkmal kleine rote Leuchtdioden am Revers. Nach zwanzig Minuten Gorbi-und-Demokratie-Gerufe setzte sich die Menschenballung an der Weltzeituhr in Bewegung, durch die Rathausstraße, in der ich nicht mehr wohnte, Richtung Palast der Republik. Es war anders als alles, was ich bis dahin und danach an Demo erlebt habe. Wir hüpften, klatschten, trabten, tänzelten – es war Soweto-mäßig, sogar Karneval-in-Rio-mäßig. Und dazu mussten wir ständig lachen oder irgendwelches Zeug rufen. Es ging ganz von allein, es kam über uns. Es hatte was damit zu tun, dass uns die Angst aus den Gliedern fuhr, denn, so lernte ich an jenem Nachmittag, Angst kann einem auch *aus* den Gliedern fahren, sie muss einem nicht immer nur in die Glieder fahren – und das machte uns leicht, so leicht, dass wir hüpfen mussten. Wenn ein paar hundert Leute beschließen, dass sie sich nichts mehr gefallen lassen werden, und allen zeigen, dass sie keine Angst mehr haben, dann ist das doch ein Grund zum Feiern, oder?

Im Herbst 1990 wurde beim Berliner Senat eine Stelle eingerichtet, die Unrecht aus DDR-Zeiten verfolgt. Ich schrieb einen Brief, schilderte die Misshandlungen vom Weihnachtsmarkt 1984 und nannte ein paar Namen. Ich wurde vorgeladen, zu einer West-Berliner Adresse, und traf in einem Vorraum Oberleutnant Grugel. Eine seltsame Wiederbegegnung. Er war so hässlich und teigblass wie damals. Ich wollte ihn nicht sehen und ich hatte ihm nichts zu sagen. Wir taten beide so, als würden wir uns nicht kennen. Er hatte Angst, und das gönnte ich ihm von Herzen.

Ich wurde zuerst in den Raum, ein düsteres Zimmer, gebeten. Die Kommission bestand, so war mein Eindruck, ausschließlich aus Westberlinern. Immerhin vier oder fünf Leute, alles Männer. Man saß auf einem Sofa, und es wurde nichts zu trinken angeboten. Einer trug ungelogen einen Jogginganzug. Die Befragung war unspektakulär und ohne Schwung, geradezu lustlos. Meine Anschuldigungen seien so schwerwiegend, dass sie, sollte sich herausstellen, dass sie zutreffend seien, zu Grugels Entlassung führen müssten. Ob ich die Misshandlungen denn mit eigenen Augen gesehen hätte. Ob ich die Misshandelten mit eigenen Augen gesehen hätte. Ob ich Zeugen benennen könnte.

Ich hatte die Misshandlungen nicht mit eigenen Augen gesehen, hatte aber immerhin gehört, wie sich Grugel und Hasselfeld (der nicht mehr Polizist war) vor der Truppe damit brüsteten, und zwar ausführlich, mehrmals und detailliert. Das könne man in meinem Tagebuch nachlesen, das die Deutsche Volkspolizei sehr vorausschauend in Verwahrung genommen habe, sagte ich den Untersuchern. Da stünden auch die Namen von Zeugen drin. Außerdem gibt es Einsatzlisten, die ebenfalls archiviert sind. Ich sagte das alles recht vergnügt und auch spöttisch. Mir war klar, dass die ihrem Grugel nichts tun. Ich sagte auch, dass ich nicht finde, dass sie Grugel gleich entlassen müssten. Wenn er nur richtig bereut, kann er doch Polizist bleiben. Wenn er gedeckt wird, dann wäre es das denkbar falscheste Signal.

Ein paar Wochen später bekam ich einen Brief, aus dem hervorging, dass sich die durch mich erhobenen Anschuldigungen nicht beweisen ließen und Jürgen Grugel weiter Polizist sein dürfe. Einige Monate danach gab es einen Skandal bei der Bernauer Polizei. Der Verein „Reistrommel e.V." hatte sich für vietnamesische Asylbewerber eingesetzt, die von Polizisten in geschlossenen Räumen misshandelt worden waren. Auch diesen Skandal gönnte ich der Polizei von Herzen. Und noch etwas später las ich eine Reportage von Alexander Osang. Er hatte Baby gefunden. Er wurde bei der Charlottenburger Polizei eingearbeitet und musste sich ganz hinten anstellen, obwohl er dort *unser Riesenbaby* genannt wurde. Und ein weiteres Jahr später hörte ich aus dem Munde eines Bonner Kommilitonen, der Alexanderplatz sei der hässlichste Platz Europas, und ich hatte keine Lust, den Alexanderplatz in Schutz zu nehmen. Er wollte ja immer die Superlative, dieser Alexanderplatz, und jetzt hatte er einen.

1980

1. Mai 1982

1986

Weihnachtsmarkt 1983

1. Mai 1982

1987

7. Oktober 1989

1984

Jan Eik Der Mittelpunkt der Welt

Dass der Allex – anders wurde der Name nie ausgesprochen – den wahren Mittelpunkt der Welt darstellt, daran kann für einen in Ost-Berlin Geborenen, Aufgewachsenen und im Alter noch immer Ansässigen kein Zweifel bestehen. Kennengelernt habe ich ihn als gerade mal Dreijähriger, und dass es sich um einen Platz handelte, wusste ich noch nicht. Ich erlebte ihn von unten: ein giftig grün gekachelter, zunehmend vertrauter Kosmos mit ganz eigener, dumpfer Duftnote, mit verwirrenden Gängen und Treppen, dem trüben Licht einer Ladenstraße und düsteren Bahnsteigen, auf denen rote und orangefarbene Automaten standen, aus denen man *im Frieden* Bonbons und Schokolade hatte ziehen können. Jetzt war Krieg, und da waren nur noch die Personenwaagen in Betrieb, die Ladenstraße war geschlossen, und der U-Bahn-Verkehr ruhte, solange wir uns mit Hunderten anderer unter dem Alex aufhielten. Bis zur Entwarnung nämlich.

In meiner Erinnerung kamen die britischen Bomber jede Nacht, und der U-Bahnhof Alexanderplatz galt als bombensicher. Zumindest der tiefer liegende Teil der Linie E. Ungefähr auf der zehnten Stufe der Treppe, die vom Abgangsbahnsteig mit dem bis heute toten Gleis in Richtung Weißensee zum Zwischengeschoss führte, hockten wir Abend für Abend. Zwei Stunden oder drei und mehr? Ich weiß es nicht. Wenn wir zurückfuhren zur Frankfurter Allee, schlief ich, und mein Bruder Paul dachte mit müden Augen an den morgendlichen Schulappell. Er ging in die zweite Klasse. Unsere große Schwester war vierzehn und lernte bei der AEG.

Es waren die bombenreichen Herbst- und Wintermonate des Jahres 1943. Im Januar war unser Vater gestorben. Wir wohnten nur wenige hundert Meter von der Frankfurter Allee entfernt, im Vorderhaus einer besseren Mietskaserne, mit dem Blick auf die Kutschen, Kremser und Sechseromnibusse von Pohls Fuhrpark.

Unsere Mutter misstraute dem Luftschutzkeller unter dem Friseursalon im Hause. Also fuhren wir zum Alex, Abend für Abend, so regelmäßig wie die Bombenangriffe.

Als wir nach einem besonders schweren Angriff zurückkehrten, dessen Grollen und Erschütterungen bis in die Tiefen des U-Bahn-Schachts gedrungen waren, empfingen uns auf der Frankfurter Allee Hitze und lohende Flammen, die auf beiden Straßenseiten aus den fünfgeschossigen Häusern schlugen. Männer versuchten, die lodernden Brände zu löschen, während wir zuschauten. Bimmelnd suchte die Straßenbahn sich auf dem Mittelstreifen ihren Weg durch das Chaos. Wir mussten unbedingt noch zum Schwarzen Adler – ein Kino an der Ecke Gürtelstraße, das ebenfalls in Flammen stand.

Seltsamerweise empfand ich keine Furcht. Auch nicht in den Katakomben des U-Bahnhofs Alexanderplatz, umgeben von anderen männerlosen Familien und einzelnen Kriegsversehrten, die mit ihren weitschweifigen Reden stillschweigend als Experten für die oberirdischen Ereignisse anerkannt waren.

Unser Haus wurde ein halbes Jahr später von einer englischen Luftmine zerstört. Da waren wir längst nicht mehr in Berlin. Unsere Nachbarin wurde im Keller verschüttet. Uns schickte man am gleichen Tag vom Evakuierungsort im Memelgebiet nach Thüringen.

Den wirklichen Alex, den Platz mit dem Namen des russischen Zaren also, lernte ich erst nach dem Krieg kennen, ein weitläufiges, von Trümmern umrahmtes Oval, um und über das sich pappfenstrige Straßenbahnen bewegten. Mutter kannte den Namen jeder Ruine, und in den Resten von Hertie hatte sich so etwas wie ein Kaufhaus etabliert. Im U-Bahnhof, der noch immer so roch wie in meiner Erinnerung, hielt sich einige Wochen lang eine Bande elternloser Kinder versteckt. Das konnte ich mir gut vorstellen.

Oben gab es irgendwann das einzige HO-Kaufhaus, wo Paul sein erstes Fahrrad kaufte und wo ich mit meinem Freund Helle einen größeren Schein verprasste, den er angeblich gefunden hatte. Im Erdgeschoss waren Motorräder und Autos ausgestellt. Im Straßenbild dominierten Vorkriegsfahrzeuge, dazu die wieder verglasten Straßenbahnen und gelbe Doppelstockbusse. Mit dem 9er-Bus fuhren wir später oft ins Theater. Zwischen Alexander- und Berolinahaus kreuzten sich Fahrzeug- und Fußgängerstrom an Ost-Berlins wichtigster Verkehrsampel, und am 1. Mai zog der Demonstrationszug zwischen den Ruinen der Rathausstraße hindurch zum leer geräumten Schlossplatz.

Im Juli 1951 schien der Alex für zwei Wochen tatsächlich so etwas wie der Mittelpunkt der Welt zu sein. Autogrammjagend drängten wir uns zwischen den Jugendlichen aus den exotischsten Winkeln der Erde. Nur aus Jugoslawien war niemand angereist. Das Land kam nicht einmal im Erdkunde-Unterricht vor.

Betrachtet man heute Fotos dieser Weltfestspiele, so war der Alex noch immer von – diesmal fahnen- und transparentgeschmückten – Ruinen umgeben. Und so sah er wohl auch noch zwei Jahre später aus, als ich ihn an einem lauen Juniabend erlebte, inmitten eines Radfahrerpulks immer wieder das Oval umrundend – ein Vergnügen, das die stets wachsame Volkspolizei nie zuvor geduldet hätte.

Es war Dienstag, der 16. Juni 1953. Im RIAS hatten wir von Unruhen und Streiks in Ost-Berlin gehört. Es hatte sich herumgesprochen: Auch bei Fortschritt in der Möllendorffstraße befänden sich die Arbeiterinnen im Ausstand.

Als wir dort ankamen, verließen sie gerade das Werkgelände. Vor einem breiten Demonstrationszug fuhren wir mit unseren Rädern die Stalinallee entlang in Richtung Alex. Noch weiter vor uns die Funkwagen der Polizei. Am Strausberger Platz machte der Zug einen unerwarteten Schwenk zum alten Frauengefängnis in der Barnimstraße hin und weiter zum fest verrammelten Polizeipräsidium in der Keibelstraße. Von dort war es nur noch ein Katzensprung zum Alex.

Die Demonstranten stoppten die Straßenbahnen, die versuchten, den Platz zu überqueren. „Mach ma Schluss, Vaterken, heute is Waschtach.“ Die Fahrgäste wussten nicht recht, wie sie diesen unerwarteten Spuk aufnehmen sollten.

Der Platz war schwarz von Menschen, die sich bald in Richtung Rathausstraße in Bewegung setzten. Parolen wurden gerufen, die Stimmung wurde gereizter. Im HO-Restaurant hinter dem S-Bahnhof klirrten die ersten Scheiben. Die Volkspolizei hielt sich außerhalb der Sichtweite.

Eine Stunde später kehrten wir über den menschenleeren Alex zurück in die gut beleuchtete Stalinallee. Es war inzwischen halb elf. Und jetzt war auch die Volkspolizei präsent: Eine dreiköpfige Streife hielt uns an, weil meine Fahrradbeleuchtung nicht brannte …

Als wir am nächsten Mittag aus der Schule kamen, dröhnte aus allen Lautsprechern – und damals hingen überall in den Hauptstraßen welche – die Meldung über den Ausnahmezustand, den der Militärkommandant Dibrowa ab 13 Uhr über den sowjetischen Sektor von Berlin verhängt hatte. Düster hieß es am Schluss: „Diejenigen, die gegen diesen Befehl verstoßen, werden nach den Kriegsgesetzen bestraft.“

Für uns gab es kein Halten. Schnell die Nachrichten gehört, und los in die Stadt! U- und S-Bahn fuhren nicht. Mit den Rädern waren wir zwanzig Minuten später an der Einmündung der Stalinallee in die Leninallee. Ein Feuerwehrmann bewachte einen ausgebrannten Tatra, einen Dienstwagen der feudaleren Klasse, und verteidigte sich gegen die Umstehenden: Er sei ja auch der Meinung, es müsse endlich alles anders werden!

Wir bogen in die Leninallee ein. Der hundert Meter entfernte Alex war schwarz von Menschen. Kein Gedanke an den Rundkurs vom Vorabend.

Wir waren noch fünfzig Meter entfernt, als die ersten Schüsse fielen. Auf dem weiten Platz klangen sie nicht sehr bedrohlich. Die Menschenmenge setzte sich in Bewegung, direkt auf uns zu. Wir fanden kaum Zeit zu wenden und in die Pedalen zu treten.

Wieder ertönten unregelmäßige Salven.

Gehetzt wollten wir in die schützende Stalinallee einbiegen, doch von dort nahten sowjetische Panzer. Also rasten wir weiter die Leninallee hinauf. Über uns zerschlug eine Kugel den Isolator der Straßenbahn-Oberleitung.

Sie schossen über die Köpfe hinweg. Das erschien uns immerhin beruhigend. Wir bogen in eine Nebenstraße ein und schlugen uns in Richtung Lichtenberg durch. In den stillen Seitenstraßen herrschte ungewöhnliche Ruhe. Doch je mehr wir uns der Stalinallee näherten, umso lauter wurde das gleichmäßige Rasseln. Endlose Panzerkolonnen blockierten die nördliche Fahrbahn und fuhren in Richtung Stadtzentrum, dazu leichte Geschütze, Schützenpanzerwagen und

Lkw mit aufgesessenen Soldaten, die grimmig blickten. Aus den Lautsprechern erklang in regelmäßigen Abständen die Meldung über den Ausnahmezustand. Die Volkspolizei tat, als bemerke sie nicht, dass da wesentlich mehr als die drei Erlaubten am Straßenrand zusammenstanden.

Ich überquerte in meinem Leben noch hunderte Male den Alex, der sein Gesicht Ende der sechziger Jahre so stark veränderte. Schön war er nie gewesen, und er wurde nicht schöner. Die gemütliche 71 bog nicht mehr in die Kleine Schützenstraße ein, und der 9er-Bus hielt nicht mehr an der vertrauten Haltestelle. Die alte Markthalle verschwand, die Bierschwemme unter der S-Bahn-Brücke schloss, und der Berolina-Keller mit seinen langen Tischen war nur noch eine blasse Erinnerung an manchen langen Theaterausklang. Dass da überhaupt noch eine weitere U-Bahnlinie existierte, mit der man einst zu den Bücklingsbuden an der Bernauer Straße gelangt war, geriet in Vergessenheit.

Im Hotel gab es eine Zille-Stube und einen Intershop, und jenseits der überbreiten Straße standen die Fans nach Import-Schallplatten an. Die *Protzkeule* des Fernsehturms überragte (und überwachte, aber das merkten wir erst spät) alles. Den Genossen dort oben entging kein Ereignis und kein Exzess rund um die Nuttenbrosche, und als sich Jugendliche eines siebenten Oktobertages aufmüpfig zeigten, erwies sich, wie gut sich der Autotunnel als polizeilicher Zuführungspunkt eignete.

In der Rathausstraße, wo wir zum ersten Mal in einem Tanzcafé gewesen waren, gab es jetzt Läden für den gehobenen Bedarf, und als das Land mal wieder ein rundes Jubiläum feierte, erwarb ich dort einen Import-Anzug aus Holland. Im Polizeipräsidium in der Keibelstraße holte ich meinen Sohn ab, der beim Fußballspiel einen Knallkörper abgebrannt hatte, und an der Liebknechtstraße entstanden weitere Exquisit-Läden, Neu Deli genannt. Im Polnischen Kulturzentrum konnte man das Internationale Jazzforum abonnieren und gelegentlich eine Platte erwischen. Der Alex blieb eben der Mittelpunkt unserer kleinen Welt, obwohl er nicht einmal mehr im Zentrum des für uns zugelassenen Teils der Stadt lag. An der Weltzeituhr traf man sich, im Haus des Lehrers feierte man oder ging ins Kabarett, im neuen Kaufhaus jagte man nach Mangelware. Aber im Grunde blieb es ein langweiliger Ort, windig, weitläufig und leer.

Bis zu jenem 4. November 1989, als der Demonstrationszug sich aus der Rathausstraße auf den überfüllten Platz zu drängen versuchte. Die Reden hörten wir in Reinhard Lakomys Taschenradio und am Abend noch einmal im Fernsehen.

Wir spürten nicht, dass der Alex dabei war, wieder zum wahren Mittelpunkt der Welt zu werden.

1985

4. November 1989

1982

Katja Lange-Müller Das „Centrum"

Es ging ziemlich schnell, schneller als das meiste und viel schneller als Bauen üblicherweise – zu jener Zeit in jenem Land. Ich kam selten dort vorbei, denn ich lebte meine etwas pummlige, nichtsdestotrotz egomanische und eitel aufs Äußerliche fixierte Pubertät in der Friedrichsfelder „Platte", gegenüber dem Bärenzwinger des Tierparks Berlin, also Auge in Auge mit Jette, der tieftraurigen oder auch nur schwer hospitalisierten Braunbärin an der Seite eines noch kontemplativeren Wappentiers namens Nante, den „die Freunde" Jette und uns Hauptstädtern zum 16. Geburtstag der DDR geschenkt hatten. Sibirische Kälte herrschte an jenem Dezembertag, an dem ich klopfenden Herzens bis zur Station Klosterstraße fuhr, um von dort aus den Alex zu erreichen und dieses neueröffnete Warenhaus, das erste der Republik – und das größte, bis zu deren Ende.

Da stand es, noch fast allein auf weiter Flur, das „Centrum", das, obwohl in Mitte befindlich und im ehemaligen Herzen des Ostens, nie dessen Mittelpunkt wurde wie das den letzten Bomben zum Opfer gefallene Kaufhaus Tietz, mir jedoch, zumindest für ein paar Wochen, zum Kern des Lebens. Der große silbriggraue Schuhkarton gefiel mir auf Anhieb. In den Aluminiumwaben, mit denen er rundum verkleidet war, brach sich die Wintersonne, so dass ein edel stumpfer Glanz von ihm ausging, und davor ragte ein unsozialistisches, aber klassisches Symbol in den Himmel, eine in Lichterketten gelegte Weihnachtsfichte, die altmodisch weltläufig wirkte und zur weltläufig-modernen Erscheinung des Kastens wunderbar passte. Das Weltläufige war das, was uns verband, das Kaufhaus, den (fichtenhölzernen) Tannenbaum und mich, obwohl ich nicht weltläufig war, nur Sehnsucht danach hatte und ebenso nach Altmodischem und Modernem. Ich hatte zu jener Zeit gerade eine manische, richtiger romanische Phase und alles von all den französischen Klassikern gelesen, zuletzt Emile Zolas „Paradies der Damen", einen Gründerzeitroman, in dem der Vielschreiber die Verlockungen des ersten Pariser Warenhauses ebenso naturalistisch schildert wie die der *halles* im „Bauch von Paris". – Und hinter der Drehtür, im Inneren erst, da fand ich das Centrum noch viel, viel schöner: Das riesige Erdgeschoss war erfüllt von Weihnachtsmusik, die, bedrohlich klirrend bei den hohen und schmerzlich brummend bei den tieferen Tönen, aus mehreren, über den gesamten Raum verteilten Lautsprechern drang. Zwei freitragende Rolltreppen führten in die nächste Etage; von der hohen Decke funkelten – wie an den Wurzeln aufgehängte Weihnachtsbäume – gewaltige zylindrische Kronleuchter. Überall gab es kleine runde, mit rosa Kunstseide umwundene Tische – und darauf nichts, nichts als Kerzen, aber die gleich doppelt und dreifach, Zweier-, Vierer-, Sechser- und Zwölferpacks von Weihnachtsbaumkerzen aus Schweden in Rot oder Gelb. Anders gesagt: Das Angebot, allein das, entsprach nicht den Verheißungen (und Kapazitäten!) des prächtig illuminierten Saals, der – etwas wüster und dafür weniger leer – durchaus ein Garten Eden der Werktätigen hätte sein können. An den Architekten jedenfalls lag es kaum, dass es anders war, an jenem 20. Dezember 1969, und anders blieb, bis zum endgültigen (Laden-) Schluss. – Und dennoch, die Menschen kauften wie verrückt, sie kauften diese roten und gelben Baumkerzen, als stünde nicht die Heilige, sondern die Ewige Nacht bevor. Und mir, die ich gerade Zolas späten Roman gelesen hatte, dämmerte in all dem Lüsterglanz und mitten im Sozialismus, wie gut das feindliche System, von dem diese Handelsdramaturgie ja wohl abgekupfert war, funktionierte und wie wunderbar es bei uns funktionieren würde, wenn es („eines Tages", und der würde „bald sein") wirklich etwas zu kaufen gäbe.

Ich nahm (und bezahlte!) zweimal vier rote Baumkerzen und ließ mich von der Rolltreppe in den ersten Stock chauffieren. Dort gab es, luftig über ca. 1000 Quadratmeter verteilt, die Herren-, die Damen- und vor allem die Jugendmode, lässig verknappt „JuMo" genannt. So viel JuMo hatte ich noch nirgends gesehen! Röcke, Hosen, Blusen, Jacken aus Malimo, Dederon, Trevira und „hoch veredelter" Baumwolle. Das laut Werbetransparent „pfiffige, kleidsame, praktische Sortiment für unsere Jungen und jung Gebliebenen" war gewohnt scheußlich, doch über einem Ständer, weit genug von der Kasse entfernt, hingen russische, genauer sowjetische Wolltücher, die eine Frau im Vorübergehen „gehäkelte Scheuerlappen" nannte. Aber mir gefielen die mausgrauen

Dinger aus kratziger Kunstwolle, was sicher nicht daher rührte, dass es hier drinnen so warm und draußen so kalt war, sondern womöglich auch wieder mit dem schönen weißgelben Licht der – hier oben allerdings etwas kleineren – Kronleuchter zusammenhing. Ich lugte (soll ich „verstohlen" sagen?) in mein Lehrlingsportemonnaie, und mir wurde klar, wie teuer die „Wachserzeugnisse made in Schweden" waren, viel teurer als die volkseigen in Thüringen produzierten, fad weißen „Haushaltskerzen", die uns sonst gelegentlich angeboten wurden. Was soll's, dachte ich, hatte es ja schon manches Mal gedacht, und schob mir eins der Tücher in den Ärmel meines Mantels. An sich hatte ich nicht vorgehabt, etwas zu stehlen; ich wusste genau, dass ich in der letzten Zeit zweimal erwischt worden war und mir derartige Eskapaden gar nicht mehr erlauben durfte, doch das Tuch steckte nun mal in meinem Ärmel. So beschloss ich, den Diebstahl nicht rückgängig zu machen und möglichst schnell das Freie zu suchen. Ich drehte mich weg von dem Ständer, reckte den Kopf, hielt Ausschau nach dem kürzesten Weg Richtung Rolltreppe – und spürte im selben Moment den Druck eines bloßen Daumens auf den wenigen Zentimetern Haut zwischen Mantelkragen und Pudelmützenrand. Als ich erschauernd die Schultern hochzog, hob die Hand, die sich so schattenleicht dort niedergelassen hatte, ab von meinem Nacken; doch eine Zehntelsekunde später, ich hatte schon aufatmen und anfangen wollen, an eine zufällige oder wenigstens irrtümliche Berührung zu glauben, packte sie mich beim linken Oberarm, umschloss ihn ganz, zog an mir, zwang mich, rückwärts zu gehen. Ich bog den Kopf zur Seite und so weit nach hinten als möglich, erblickte einen barhäuptigen Mann in einem braunen Jackett und wusste sofort, dass ich den nicht zum ersten Mal sah. Gleich nachdem ich das Warenhaus betreten hatte, war er mir aufgefallen. Er war einer der wenigen Männer unter all den Frauen und Kindern, hatte ihnen im Weg gestanden wie ein Verirrter, sich nicht für die Kerzen interessiert und so seltsam sommerliche Klamotten an, also weder Handschuhe noch Mütze und Schal, nicht einmal Mantel, Anorak oder Schipullover, bloß ein dünnes Hemd und den hässlichen kotbraunen Anzug, in dem er jetzt hinter mir stand. Gut, hatte ich gedacht, womöglich wohnt der gleich um die Ecke, oder sie haben hier sogar eine Garderobe, heiß genug ist es ja. Doch die Menschen hatten mich vorwärts gestoßen, zu weiteren Tischen voller Baumkerzen und schließlich zur Rolltreppe, und dann, bei den Russentüchern im ersten Stock, hatte ich zugefasst, und nun er. – „Folgen Sie mir bitte und leisten Sie keine Gegenwehr", sagte der Mann leise, mit einer weichen, täuschend freundlich klingenden, zu seinem groben Klammergriff so gar nicht passenden Stimme. Und ich ließ mich von dem Mann durch das Gewusel führen wie eine Blinde über eine Hauptverkehrskreuzung. Tatsächlich sah ich nicht besonders gut, weil meine Augen sich mit Tränen füllten; dennoch wurde mir immer klarer, dass dieser Mann einen Job machte, den ich bislang nur aus einigen nicht inländischen Filmen gekannt, mitten in unserer Wirklichkeit aber nicht für möglich gehalten hatte: Er war ein Kaufhausdetektiv.

Anders als in der Erzählung, die ich Jahrzehnte später schrieb und deren auslösendes Moment jene mir trotzdem unvergessliche Episode gewesen war, endete in Wahrheit alles vergleichsweise glimpflich, mit einer letzten Verwarnung seitens der Schiedskommission meines Betriebes, einer Geldstrafe und dem Hausverbot für die Dauer eines Jahres.

Ich habe den Kasten am Alex erst wieder betreten, als er längst nicht mehr Centrum hieß, und auch bloß noch einmal und selbst dieses eine Mal gegen meinen von Erinnerung(en) gebremsten Willen und nur, weil ich dort etwas abholen musste; trotzdem, er gehört zu meinem Leben wie meine seit einer Ewigkeit tote Tante Gisela, von der ich mir an meinem fünften Geburtstag die erste Schelle gefangen hatte – und ich bin die Einzige, die noch weiß, wofür.

1987

1985

attraktiv
CENTRUM
MIT 50 000 ARTIKELN UND
VIELEN KUNDENDIENSTEN

1984

2006

Markus Deggerich / Peter Wensierski Das Narbengesicht

Auf dem Alex spielte der Osten Westen. Jetzt ist er das östlichste und ehrlichste Gesicht der Stadt

Als Hans Kollhoff mitten auf dem Platz steht, legt er den Kopf in den Nacken und blickt nach oben. Der bekannteste Architekt Berlins weist in den weiten Himmel. Dorthin, wo er an der Nordseite des löchrigen Alexanderplatzes zehn Bürotürme geplant hat – bis zu 150 Meter hoch. „Diese Weite würde drastisch verdichtet", schwärmt der Professor im Architektendeutsch. „Und die Hochhäuser", träumt er, „hätten New Yorker Dimensionen." Dann senkt er wieder den Kopf. Auf dem Boden der Tatsachen sieht er Punks, Penner und Panflötenspieler, die sich drapieren wie ewig wartende Komparsen in einem Dokumentarfilm über den Niedergang des Ostens.

Denn die Gegenwart des Alexanderplatzes hat nichts von New Yorker Dimensionen, sondern sie erinnert an Osteuropa: Im Nieselregen ergeben die bröckelnden sozialistischen Prestigebauten ein erdrückendes Szenario wie in Minsk oder Kiew. Kollhoffs Manhattan an der Spree bleibt ein Luftschloss. Der Alexanderplatz ist das Schmuddelkind unter Berlins Vorzeigeadressen. Weltberühmt der Name, geschichtsträchtig, ein Mythos in der Vorstellung aller Nicht-Berliner, ausgestattet mit zwei Publikumsmagneten, dem Fernsehturm und der Weltzeituhr. Eine ewige Baugrube, vom Wind verweht, hässlich und missverstanden, Schauplatz für dröhnende Oktoberfest-Imitate und Hütchenspieler.

Selbst den 200. Geburtstag des Platzes im November 2005 verschwieg die Hauptstadt beschämt: Weder der Senat noch der Bezirk Mitte, kein Tourismusverein und kein Geschäftsbesitzer würdigten den weltberühmten Alex – angeblich fehlte das Geld. „Der Alex ist eine bekannte, aber keine gute Adresse", sagt René Wagener, einer von drei kommunalen Platzmanagern, die das Leben am Alex im Auge haben. Die Jubiläumsfeste fielen aus, wurde Wagener von einem Hotelbesitzer am Platze beschieden, „weil man nicht so blöd sein wollte, Aufmerksamkeit auf eine Baustelle zu lenken".

Eine zugige Baustelle war er schon immer. „RUMM RUMM haut die Dampframme auf dem Alexanderplatz", heißt es in Alfred Döblins weltberühmtem Roman. Und: „Wind gibt es massenhaft am Alex", dort „zieht es lausig". Die Asphaltwüste namens Alex, von der keiner genau weiß, wo sie beginnt und wo sie endet, ist die Stein gewordene Diskrepanz zwischen Berliner Größenwahn und der Tristesse der Gegenwart. Der Alex ist der lebendigste Beweis für das notorische Zitat des Kunsthistorikers Karl Scheffler, dass Berlin dazu verdammt sei, „immerfort zu werden und niemals zu sein".

Aber das unbestimmte Sein bestimmt das Bewusstsein am Platze. Ostdeutsches Beharrungsvermögen trifft hier auf kühne Großstadtvisionen, Trinker treffen Treber, Polizisten kontrollieren Punks, Macher leiden unter den beschränkten Möglichkeiten, und Touristen wenden sich mit Grausen oder flüchten auf den Fernsehturm: Von dort lässt sich der Alex am besten übersehen.

Die Symphonie des Großstadtplatzes klingt immer nur nach Verkehrs- und Baulärm. Das ewige Baustellenleben verärgert die Gewerbetreibenden. Der Alex ist eine löchrige Transitstrecke, ein Bahnhof und Hindernisparcours, den an Wochentagen über 300 000 Menschen absolvieren – möglichst schnell. Das Laufpublikum beschert zwar satte Umsätze für Saturn, Kaufhof oder Burger King – aber es bringt kein Leben auf den Alex. Menschen steigen hier um, auf dem Weg zur Arbeit oder zur Arbeitsagentur. Aber sie verweilen nicht. Wer hier stehen bleibt, hat keinen anderen Platz im Leben.

Als seine ehemalige Deutschlehrerin von Platzmanager Wagener hörte, wo er nun arbeitet, war sie geradezu begeistert: „Alexanderplatz! Döblin! Weltstadt! Flair!" Dann kam sie zu Besuch und sagte: „So so. Aha." Aus dem Neid wurde Mitleid, als hätte man ihren Schüler Wagener irgendwo in Nordkorea ausgesetzt. „Diesen Kulturschock haben viele am Alex", sagt Wagener. Der klingende Name, die Verheißung – und dann das Elend der Realität. Es kommt vor, dass Touristen mitten auf dem Platz stehen, hektisch im Stadtplan blättern und hilfesuchend fragen: „Wo ist der Alexanderplatz?"

Die hochtrabenden Pläne für den Alex stammen aus einer längst vergangenen Zeit, kurz nach dem Fall der Mauer, als die Berliner Politiker und Immobilienentwickler im Weltstadtwahn ganz schnell ganz hoch hinaus wollten. Als sie unermüdlich propagierten, die Hauptstadt würde zur Drehscheibe zwischen Ost und West, die alle namhaften Firmen dieser Welt und Hunderttausende neuer Bewohner anzieht.

Es kam alles ganz anders. Am Potsdamer Platz wurden ein paar Hochhäuser gebaut, doch ab 1993 kollabierte der boomende Immobilienmarkt. Heute schrumpft die Bevölkerung Berlins. Rund zwei Millionen Quadratmeter Bürofläche stehen bereits leer. Die Hochhäuser am Alex würden noch mal 1,3 Millionen Quadratmeter Geschossfläche auf den Markt schwemmen – mehr als am Potsdamer Platz. Architekt Kollhoff meint zwar tapfer: „Der Platz hat das Zeug für ein gigantisches Shopping-Konglomerat." Aber Berlin ist eine de-industrialisierte Stadt ohne Wirtschaft, ein bankrottierendes Armenhaus. Und der Alex ist ihr ehrlichstes Gesicht. So ist die Einschätzung von Gottfried Kupsch, einem alteingesessenen Makler, schon realistischer. „Ab dem Jahr 2020", sagt er, „hat der Platz vielleicht eine Chance."

Bis dahin muss das vernarbte Gesicht des Alex mit ein wenig Kosmetik auskommen: ein neuer Belag aus hellgelben Granitplatten, einheitliche Beleuchtung. Und die Straße an der Nordseite wird von 108 Metern Breite auf 56 zurückgebaut. Das war's.

Für Menschen wie Brigitte Habraneck ist selbst das schon eine Zumutung. Sie gehört zu den Generationen von Ost-Berlinern, die sich seit frühester Kindheit am Alexanderplatz trafen und dort in den 50er Jahren an einem Automaten für 35 Pfennig ein Keta-Kaviarbrötchen mit einem Zwiebelring zogen.

Nun lebt die Rentnerin seit 35 Jahren in ihrer Dreizimmerwohnung in den Rathauspassagen – ein langgestreckter Edel-Plattenbau der DDR zwischen Rotem Rathaus und S-Bahnhof mit Blick auf den Alexanderplatz.

Mit ihr zusammen wohnen 1200 Menschen im Gebäude, ein DDR-Dorf unter einem Dach. Fast zwei Drittel der Mieter sind noch „Erstbewohner", eingezogen ab dem Jahr 1969, als es in der DDR noch aufwärts ging. Man kennt sich, man hilft sich, man duzt sich. Eine Frau, die sich gerade am Briefkasten das „Neue Deutschland" herausgeholt hat, bekennt: „Das ist ein Haus, das man schützen muss, in dem es anständig zugehen soll." Auch Frau Habraneck spricht gern und viel über die guten alten Tage, als die Wohnungen in privilegierter Lage im Ost-Berliner Zentrum „einfach so nach Kontingenten vergeben" worden seien. Sie und ihre Mitbewohner hätten damals überraschend „die Einweisung bekommen".

Vier Jahrzehnte später wohnt sie immer noch gerne hier und will mit niemandem in der Stadt tauschen. „Der Potsdamer Platz steht für Engstirnigkeit, Kälte und Geld", sagt Habraneck. „Der Alexanderplatz steht für das Leben. Hier kann ich in die Weite schauen, meine Augen werden nicht begrenzt durch kühle Gebäude und enge Straßenschluchten."

Eine Nachbarin pflichtet ihr bei: „Und dann ist hier der Turm! Der Turm hat etwas ewig Weibliches, er verleiht uns etwas Kraft. Man kann sich an ihm aufrichten." Wachsam und wehrhaft beobachten sie auch die kleinsten Veränderungen auf dem Alex, ihrem Stolz aus vergangener Zeit.

„Modernisierungort der DDR", so nannte der damalige Senatsbaudirektor Hans Stimmann den Platz. In der Tat konzentrierten sich die sozialistischen Stadtplaner unter Führung von Herrmann Henselmann auf den von den Bomben der Alliierten in Schutt und Asche gelegten Platz. Die neuangelegten überbreiten Straßen wurden zum Aufmarsch-Areal für die Paraden zum 1. Mai und verbanden ihn mit dem Arbeiterboulevard der Stalinallee.

Der Platz selbst war „mit seiner ausdrucksstarken Silhouette", so ein VEB-Tourist-Reiseführer, „der städtebauliche Mittelpunkt der Hauptstadt der DDR". Dank des emblematischen Fernsehturms – Ulbrichts Protzkeule – und der Weltzeituhr wurde er zum Treffpunkt der ostdeutschen Nation, den jeder Provinzler der Republik sehen wollte. Hier konnte man im Centrum, dem ersten modernen Warenhaus des Arbeiter-und-Bauern-Staates, einkaufen oder konnte sich im nahe gelegenen Palast der Republik die Extravaganz eines Milk-Shakes leisten. Und wer hier wohnte, der war was. Auf dem Alex spielte der Osten Westen. Jetzt ist es der ostigste Platz der Hauptstadt.

Wann immer ein Fernsehteam zur Gaudi des Zuschauers das Klischee vom geschmacklos gekleideten und meckernden Ost-Berliner vorführen will, sucht und findet es auf dem Alex schnell massenhaft Prototypen, die sich willig vor der Kamera um Kopf und Kragen reden. Den Bau der Alexanderplatz-Edel-Platte, „Typ P 2 mit Sonderbreite", hatte das Ost-Berliner Wohnungsbaukombinat nur seinen besten Brigaden anvertraut, unter Leitung der „Taktstraße Kurt Bromberg".

Bromberg, Kurt, Held der Arbeit, kam bis vor kurzem ab und an nach seinem „Objekt" sehen. Nirgendwo sonst in der Berliner Innenstadt gibt es so viel DDR auf so wenigen Quadratmetern. In den Wohnungen mit Blick auf den Platz lebten verdiente Journalisten wie der stellvertretende Chefredakteur des Zentralorgans der DDR-CDU „Neue Zeit", Professoren der Humboldt-Universität, einige Schriftsteller, ADN-Reporter und Mitarbeiter der Komischen Oper. Dazu einige Krankenschwestern und Kraftfahrer. Überlebt haben auch die Bowlingbahn und die Volkssolidarität. Ein Clubraum mit dem Charme des ausrangierten Mobiliars des Sozialismus dient im sechsten Stock als öffentlicher Treff der Mietergemeinschaft. Hier erschienen Markus Wolf, Ex-Geheimdienstchef, Thomas Flierl, Ex-Kultursenator, und Agitatoren der Linkspartei zu Gastvorträgen.

Marco Manozzi, als Italiener einer der wenigen zugezogenen Westler, hat das Clubleben mit seinen beruflichen Kenntnissen ebenfalls bereichert. Gewöhnlich arbeitet er daran, Stars und Sternchen im Film- und Showgeschäft gut aussehen zu lassen. Im Club am Alexanderplatz ließ sich die letzte DDR-Elite von Marco zeigen, wie man besser aussieht, steht, geht und selbstbewusster guckt. „Iss vielleicht jut bei Bewerbungen", hofft eine Teilnehmerin. Die verschworene Hausgemeinschaftsgruppe will eben nicht nur den Platz, sondern auch sich „auf Vordermann bringen".

Früher gab es Beziehungen der Mieter zu den Geschäften, kleine Vorteile, ja sogar Rabatte. Warum nicht auch in Zeiten der globalisierten Kettenläden, die ins Parterre eingezogen sind? Die Gemeinschaft hat ein kleines Informationsnetz aufgebaut, kein Sonderangebot entgeht ihr. Die Frauen der Volkssolidarität sprachen kürzlich in einem „Fashion Store" vor und fragten mal nach, ob sie nicht auch Mode für über 50-Jährige stärker ins Programm nehmen könnten. Am Tisch mit den drei rautenförmigen Platzdeckchen, genau mittig drapiert, erklärt Frau Habraneck die Idee der DDR für den Alexanderplatz: „Ein Platz, auf dem die Menschen sich begegnen und aufhalten können." Was sich dort jetzt noch begegnet und aufhält, findet unter den Augen der Alexianer in der Rathauspassage keine Gnade. Das Bewohner-Kollektiv befindet sich im Abwehrkampf gegen die schlimmsten Auswüchse des Kapitalismus, Merkantilismus und des Jugendwahns.

Dabei gibt es Fronten, an denen die Hausgemeinschaft den Kampf bereits verloren hat: überdimensionierte Parkhäuser, die ihnen die Sicht gen Osten versperren, stehen größtenteils sinnlos leer. Der Investor „Wal-Mart" hatte sie verlangt, sprang dann aber kurzfristig doch ab. Auch das Vorrücken des alten Centrum Warenhauses als „Kaufhof" konnte niemand aufhalten. „Sehr ärgerlich" findet eine Bewohnerin der Rathauspassage, dass „der Brunnen der Völkerfreundschaft" dadurch arg bedrängt wird und deshalb „der Platzcharakter fast verschwunden ist".

Der Kampf an anderen Fronten war erfolgreicher. So berichten die Veteranen der Mietergemeinschaft vom Feindobjekt Basketballkörbe, die die Platzmanager für Jugendliche am Fuße des Fernsehturmes installierten. „Die Folge war doch nur, dass man da nicht mehr vom Alex zu uns in die Wohnungen laufen konnte, ohne einen Ball abzubekommen." In diesem Fall siegten die Alteingesessenen der Edel-Platte über die Neuerer vom Platzmanagement des Bezirksamtes Mitte. Trotzig postierten sie sich am Tatort und führten Strichlisten. „Wir konnten nachweisen, dass 94 Passanten pro Stunde durch die balldribbelnden Jugendlichen gestört wurden." Die Körbe sind nun weg, dem benachbarten Beachvolleyball-Feld wünschen die Kämpfer von der Ostfront das gleiche Schicksal.

Aber die Jugend der Welt trifft sich beharrlich weiter am Alex, bevorzugt abends oder am Wochenende – auch ohne Ball. Täglich grüßen die Punks aus Prenzlauer Berg oder

Pankow und nutzen den Brunnen der Völkerfreundschaft als Kontakttresen. Das Transitpublikum garantiert erhöhte Schnorrumsätze, die graue Kulisse das artgerechte Wohlfühl-Ambiente für Anspruchslose.

„Das ist unser Wohnzimmer", sagt der 23-jährige Punk mit dem Künstlernamen Jeronimo. Er hat an anderen lukrativen Umsteigeplätzen wie Bahnhof Zoo, Friedrichstraße oder Ostkreuz gearbeitet. Aber dort sind die Einnahmen geringer, oder man wird ohnehin sofort verjagt. Am Alex genießen die Punks Bestandsschutz. „Wer sich an die Regeln hält, soll seinen Ort haben auf dem Alex", sagt Platzmanager Rupert Prossinagg.

Das gilt auch für die Knuddels. Die besetzen bevorzugt freitagabends den Alex und lassen die Wodka- und Bierflaschen kreisen. Für ein paar Stunden kommt es zur friedlich schnatternden Rudelbildung mit bis zu 150 Jugendlichen zwischen 14 und 18 Jahren hauptsächlich aus Ost-Berlin. Man kennt sich aus einem Internet-Chat und trifft sich hier unregelmäßig im realen Leben zum „Baggern, Saufen und Quatschen", wie es der 15-jährige Mark Konzer aus Hellersdorf nennt. Der Alex ist ihnen egal. Er liegt halt verkehrsgünstig, für jeden leicht zu erreichen. Das Bier ist auch billig.

Zurück bleibt in der Regel ein Scherbenhaufen, wenn die Knuddels gegen Mitternacht in die Clubs oder nach Hause weiterziehen. „Aber die sind im Grunde ganz harmlos", diagnostiziert Platzmanager Prossinagg. Er hat mal für einen Abend einen Stand aufgebaut, an dem die Knuddels ihre Bierflaschen gegen Multivitamincocktails tauschen konnten. Aber die Mission wurde umgehend wegen überschaubaren Erfolgs beendet. Jetzt beschränkt man sich aufs Machbare und hat bei der Stadtreinigung einen großen Glascontainer extra beantragt.

Es ist diese Mischung aus Ost-Kult, Größenwahn, Verfall, hässlicher Kühle und den peinlichen Platz-Protagonisten, die den Alex wiederum zum weltweiten Star macht – auf anderer Ebene. Egal, ob in Hollywood-Erfolgen wie „Flightplan" mit Jodie Foster, der „Bourne-Verschwörung" mit Matt Damon oder einem der ungezählten Sozialdramen des deutschen Films: Der Alex ist immer dann besonders willkommene Kulisse, wenn es darum geht, einen schummrigen, ungewissen, unheimlichen und tristen Eindruck abzubilden. Ein trauriger Filmheld mit konstant guten Besetzungschancen in der Rolle des Verlierers.

Mitfühlende Verbündete und Fans hat der misshandelte Platz jedoch in den Bewohnern der Rathauspassage. Im Jahre 2009 will man den 40. Jahrestag des Wohnhauses am Alex feiern. Dafür wird schon jetzt eifrig die Haus- und Lebensgeschichte der Bewohner dokumentiert: Ein Fotowettbewerb aus Privatalben unter dem Motto „Und wie der Alex lebt".

Leider hat es mit einem Raum für die Bewohner – Projekttitel: „Mal dies, mal das" – bisher noch nicht geklappt. Ein Ladenlokal zum Nulltarif fand die Wohnungsbaugesellschaft nicht zeitgemäß. Nun findet „Mal dies, mal das" im Clubraum statt. Von dort haben sie einen feinen Blick auf die verrottenden Architekturdenkmäler ihres untergegangenen Staates und geben sich kämpferisch. Habraneck: „Den Palast der Republik reißen sie ab. Aber wir werden für immer am Alex bleiben."

Rathauspassage 1987

2003

2006

2004

2006

TownFence
WIR HABEN
MONTAG - SAMSTAG
9.00 - 20.00 UHR
EINGANG
GALERIA
GALERIA

2005

2007

1981

Christoph Dieckmann Eva, Stefan Heym und der Kollege Kranz

1

Zum Alexanderplatz ist mitzuteilen, dass ich ihn nicht mag. Das war 1964 anders. Ich war acht, ein Vorharzer Pastorenkind aus Dingelstedt am Huy. Wir besuchten Berliner Verwandte. Die Stadt überwältigte mich, besonders die U-Bahn. Damals neigte ich zum Bau von Erdbunkern. Zurück im Dorf, unterhöhlte ich den Pfarrgarten künftig sehr behutsam, immer in der Sorge, eine U-Bahn-Linie anzustechen.

Per U-Bahn erreichte ich 1964 auch die Mitte der DDR: den *Allex*. Die gebellte Abkürzung prägte sich mir als Urlaut der Berliner Nassforschheit ein. Wie der Platz damals ausgesehen hat, weiß ich nicht mehr. Ich erinnere mich nur an den gewaltigen Stumpf des Fernsehturms, dessen Bau die Medien der Republik mit Jubel begleiteten: Das Trumm, schon jetzt enorm, würde zum zweithöchsten Bauwerk der Welt, wenn nicht Europas werden. Später nervte die volkstümelnde Propaganda-Bezeichnung *Telespargel*, die wohl sehr wenigen Berlinern über die Lippen ging. Der „Eulenspiegel" schrieb mal vom „Telespargel, im Volksmund auch Fernsehturm genannt".

2

1973 kehrte ich wieder. Wir urlaubten, wie in den Jahren zuvor, im evangelischen Erholungsheim Lutherstift Buckow/Märkische Schweiz. Ich besaß nun lange Haare, eine existentialistische Rock-Weltanschauung und einen nahezu mortalen Liebeskummer. Der Grund dafür hieß Elke, lebte in Frankfurt/Oder und liebte keineswegs zurück. Dies taten dafür im Lutherstift Bettina aus Gera, die ich im vergangenen Sommer erfolglos begehrt hatte, nun aber nicht mehr wollte, sowie ihre Freundin Sabine. Irrungen, Wirrungen.

Aus solchen Liebeshändeln riss ich mich eines Morgens männlich los und reiste nach Berlin. Dort tobten die X. Weltfestspiele der Jugend und Studenten und überzogen die Hauptstadt der Deutschen Demokratischen Republik mit Tanz, Popmusik, sozialistischem Remmidemmi und weltoffener Atmosphäre. Deren Zentrum war der Alexanderplatz.

Selbst in diesem Tollhaus fiel ich auf. Ich hatte mich in Schale geworfen und trug das blaue Jackett mit dem großen polnischen Black-Sabbath-Aufnäher. Lässig Gummi kauend unterm Existentialistenblick, behaart mit der coolsten Matte der Stadt, so lungerte ich am Fuße des Fernsehturms. Bald war ich weiblich umringt, grunzte Anglizismen und schrieb Autogramme. „Where you want my writing?", fragte ich die andrängenden Blauhemd-Maiden. „Hier, hier, on arm!", quietschten die Beglückten. Ich signierte mit Schwung – DANNY JOE BROWN, MANHATTAN – und spendete unvergessliche Impressionen vom Anderen Amerika.

Sodann betrat ich das Centrum Warenhaus und daselbst die Damenkonfektion. Dort entblößte ich mich weitgehend und bestieg eine glitzernde Abendrobe, bis der schrille Ruf „Gitti, kucke mal, dit jiiibt's doch nich!" mir das Verlassen der Abteilung nahelegte. Ich eilte aufs Männerklo und schnürte mir den rechten Unterschenkel hoch. Derart versehrt, hüpfte ich zur Herren-Schuhabteilung und verlangte einen Rinds-Boxcalf-Slipper der Größe zweiundvierzigeinhalb – den Linken bitte! Die Verkäuferin behauptete, man gebe nur komplette Paare ab. Lauthals beklagte ich die Diskriminierung behinderter Menschen in der DDR. Verhaftung unterblieb, wegen weltoffener Atmosphäre.

Ja, das waren schon Taten in der großen weiten Welt! Abends reiste ich zurück nach Buckow. Ich mied das Heim und das lutherische Abendessen und strebte zur Kneipe. Dort hockten die eingeborenen Rocker. Man soff Pfeffi und Kali-Edel, Jimi Hendrix lief vom Band, Hendrix-Freak Ete markierte wüste Luftgitarren-Soli. Die Nacht kam, die Kneipe kippte uns aus. Ich stolperte mit Ete endlos durch Felder und Wälder, bis hinter den Bäumen gelbe Lichter blakten. Das war Bollersdorf, wo Ete eine Kate behauste. Ich krachte in die speckige Couch und war weg. Gegen drei weckte mich Gebrüll. „Stillstann!", heulte Ete, „Augen aus!" Er schaltete am Bandgerät und reckte den Arm zum Führergruß. „Deutschland hört die Hymne!" Frijid Pink: „House of the Rising Sun".

In der Morgensonne wanderte ich zurück zum Lutherstift. Ich grüßte die goldenen Felder und im Tal den blinkenden Schermützelsee und freute mich, dass man mich gewiss vermisste. Ach, und dann Sabines leidender, schmachtender Blick! „Wo warst du?“ – „Berlin“, sagte ich heiser und hoffte, dass dies unwiderstehlich klang, nach Lustmord und Hurerei.

Sabine und Bettina reisten unbeschadet nach Thüringen zurück. An Elke ging ich fast zugrunde. Geheiratet habe ich Eva, am 8. Mai 1982, im Berolina-Haus am Alexanderplatz. Seit 1978 wohnte und wohne ich in Berlin; diese Formulierung bitte ich strikt von „Ich bin ein Berliner“ zu unterscheiden. Die Ehe hat nicht gehalten, aber die Hochzeit war schön und Eva noch viel schöner. Nichts ist vergessen und alles vergeben. Punkt.

3

Neulich fand ich beim Kramen einen alten grünen Hefter. „Eingaben“, steht darauf. Die Mappe enthält Dutzende Papyri der typischsten DDR-Literaturgattung. Die Eingabe, eine Variante des feudalistischen Petitionsrechts, ersetzte in der DDR die Verwaltungsgerichtsbarkeit, in vielen Fällen auch den Psychiater. Was den Bürger störte und ihn in seinem Rechtsempfinden kränkte, konnte er der zuständigen Institution per Eingabe klagen. Binnen vierzehn Tagen musste er Antwort bekommen. Vor Wahlen nutzte das DDR-Volk die Eingabe regelmäßig als Erpressungsinstrument: Dies und jenes sei zu klären oder zu gewähren, andernfalls werde man nicht an die Urne treten. Bekannt ist der Slogan zur Erzwingung des Satellitenempfangs: „Ohne Schüssel auf dem Dach fällt die Kommunalwahl flach.“

Ich schrieb Eingaben, viele, mit Lust. Anscheinend hatte ich in der DDR nichts anderes zu tun. Ich lese, wie ich Antisemitismus in Karikaturen der „Ostseezeitung“ beklage, Heidegger-Falschinterpretationen im „Neuen Deutschland“, Statistiken der „Neuen Fußballwoche“, die den Westflüchtling Lutz Eigendorf tilgen. Erich Honecker gehe ich um Wohnraum an. Köstliche Antworten! Honeckers Büro willfahrt der Petition. Post, Reichsbahn und Bezirksfilmdirektion Berlin knien im Staub und bitten mich um Vergebung für ihr unsozialistisches Gebaren. Oberst Freitag von der „Armeerundschau“ verteidigt die klassenkämpferische Entlarvung des Lindenberg-Songs „In fünfzehn Minuten sind die Russen auf dem Kurfürstendamm“. Karl-Eduard von Schnitzler erklärt mir, es sei nicht seine Aufgabe, „hochgebildeten Intellektuellen Vorträge in Medienpolitik zu halten. Ich habe einen Beitrag zur ‚Hygiene im Äther‘ zu leisten und dafür, dass nicht nur das Freundbild stimmt, sondern auch das Feindbild.“

Einmal ging die Sache peinlich aus. Ich kritisierte das makabre Tagungsplakat des IV. Internationalen Berliner Symposiums zur Kindersterblichkeit: ein Frühchen, dekoriert mit Pfeil und Aufschrift, geleite in der Charité-Hautklinik zum „Lunchroom“. „Das Gesundheitswesen sollte sich einer anderen Kulturstufe verpflichtet fühlen und Sinn für Takt beweisen.“ Prof. Dr. sc. med. E. L. Grauel, der wissenschaftlicher Leiter des Symposiums, verteidigt das Plakat – Otto Dix’ Gemälde seines neugeborenen Sohnes Urs – in einem mich beschämenden Brief als „weitab von allem Makabren“. Überhaupt schielt mir aus meinen schneidigen Jugendschreibereien des Öfteren eine etwas ältere Gestalt entgegen: der deutsche Denunziant.

Drei dieser Korrespondenzen spielen am Alexanderplatz. Zwei davon führen ins Centrum Warenhaus, wo ich weiterhin als streitbarer Kunde in Erscheinung trat. Am 15. Januar 1983 erlitt ich menschenverachtende Provokationen durch die Kaufhallen-Kassiererin Oertel und meldete dies: „Insgesamt bin ich bei Ihnen stets freundlich bedient worden. Umso mehr erstaunt mich dieses ungezogene Verhalten, das vielleicht einer Gemüseabladerin in Großeutersdorf zu Gesichte stehen mag, nicht aber einer Angestellten der zentralsten Kaufhalle unserer Republik.“ Direktor Lehmann dankt und entschuldigt sich. Kollegin Oertel sei einer Auswertung im Gesamtkollektiv unterzogen worden. „Im Ergebnis dieser Aussprache musste sich die Kolln. Oertel verantworten und verpflichten, dass sie tagtäglich freundlich und fachgerecht alle Kunden abkassiert. Ihre persönliche Verpflichtung wird durch den Leiter Kasseneinsatz kontrolliert.“

Am 14. März 1984 schreibt mir Direktor Lehmann abermals. Skandalöse Vorfälle bei der Reklamation schadhafter Tonbänder sind begütigend zu korrigieren. „Seien Sie versichert, dass die Mitarbeiter des CENTRUM-Warenhauses ständig bemüht sind, eine kurzfristige und unbürokratische

Bearbeitung von Kundenreklamationen auf gesetzlicher Grundlage vorzunehmen."

Nun aber meine Prachteingabe, am 2. Mai 1986 adressiert an den Leiter der Gaststätte Alextreff. Töchterchen Sophie hatte am Internationalen Kampftag der Arbeiterklasse aus der Blumenrabatte am Fernsehturm drei leere Biergläser geklaubt, die ich dem Barmann überbrachte, zwecks Erlangung des Pfandes von je zwei Mark. Der Kollege Kranz beschimpfte mich als Dieb, zerrte mich hinter den Tresen und drohte mit Anzeige. „Ich erklärte mich damit einverstanden, um diesen unerhörten Vorfall schriftlich festhalten zu lassen." Daraufhin stieß Kranz mir die behaarte Kämpferfaust vors Herz, hieß mich einen primitiven Menschen und schmiss mich raus. „Schon vorher musste ich bemerken, dass der Kollege sich einen ziemlich ordinären Ton gestattet. Ich halte es nicht für angängig, dies den Besuchern des zentralsten Platzes unserer Republik zuzumuten. Vor allem aber erbitte ich Ihre Stellungnahme. Ihrer Antwort entgegensehend, zeichne ich hochachtungsvoll …"

Es antwortete Alextreff-Direktor Trienbach. Mein Verhalten sei rechtlich nicht in Ordnung. Die Buffetkräfte hätten „in der Hitze des Gefechts" schon dutzendfach Pfand für entwendete Gläser anderer gastronomischer Einrichtungen ausgezahlt. „Das Kollektiv kann diese Gläser nicht weiter verwenden und ist obendrein das Geld los." Aber dann: „Da vom Kollegen Kranz eine etwas andere Darstellung vorliegt, sind wir gern bereit, bei Benennung eines Termines Ihrer Wahl eine Auswertung in Ihrem Beisein durchzuführen."

Der Gläser-Gipfel geriet zum unvergesslichen Event. Ich schnöselte hochkorrekt meine Darlegung herunter. Kollege Kranz geriet in die Defensive und stammelte Aggressivitäten. Direktor Trienbach schwoll die Zornesader. „Mir reicht's!" schrie er, hochrot. „Ich hab es satt! Kollege Kranz, Sie hopsen mir die Kundschaft an! Sie haben keinen Umgang! Ich entferne Sie aus dem Publikumsbereich! Gehnse Steine kloppen! Kuckense den Kollegen Dieckmann an, das ist Kultur!"

Es zählte zu den Segnungen des sozialistischen Arbeiterstaates, dass werktätigen Menschen selten ein Leid geschah, auch nicht dem Kollegen Kranz. Er bediente noch lange im Alextreff.

4

Dann fiel die Mauer. Fünf Tage zuvor hatte ich den Alexanderplatz geliebt. Am 4. November 1989, in der enthusiastischen Demokratie-Wallfahrt einer halben Million Demonstranten, schien eine Zukunft auf, die fünf Tage später schon zu Ende war. Was stattdessen folgte, war ebenfalls Zukunft, nur nicht jene, von der wir redeten und träumten, als wir wendefröhlich und mit Wildermut das riesige Areal bewimmelten.

Ich sehe noch die Redner: Christa Wolf, die von den Wendehälsen spricht, Friedrich Schorlemmer, Jens Reich, Heiner Müller (desorientiert), Günter Schabowski (ausgepfiffen), Markus Wolf (vom Protest hinweggefegt) … Die alte Steffi Spira empfiehlt dem Politbüro, es solle tun, was sie jetzt mache: „Abtreten!" Etliche derer, die damals sprachen, sind nicht mehr am Leben, so auch Stefan Heym. Aber ich sehe den Alten für immer auf dem Pritschenwagen, ich höre die greise Stimme, den Prophetenton: „Nach all den Jahren der Stagnation, von Dumpfheit, Mief und Phrasengewäsch – welche Wandlung!"

Ja, welche Wandlung. Der Alextreff ist längst Geschichte. Das Centrum Warenhaus heißt Galeria Kaufhof. Das Berolina-Haus wurde prima restauriert, doch ich empfinde den Alexanderplatz als räudig, kahl, rettungslos falsch geschnitten – eine städtische Wüstenei, die ich rasch durcheile, um von der S-Bahn zur U2 zu gelangen, ins menschengemäßere Pankow. Oder ich schließe die Augen und träume vom Harz.

„Alextreff" 1982

Pfingsttreffen der FDJ 1989

Pfingsttreffen der FDJ 1989

4. November 1989

1986

Lars von Törne Der erste Platz im Staate

Der Reise nach Bagdad schien nichts mehr im Wege zu stehen. Die Familie hatte sich gegen tropische Krankheiten impfen lassen, auch eine Wohnung hatte Roland Korn in der irakischen Hauptstadt schon gefunden, damals, im Winter 1964/65. Der junge Mann freute sich auf die neue Aufgabe. Die hatte sich am Rande eines Staatsbesuches ergeben. Im Irak wollte die ein Jahr zuvor an die Macht gekommene sozialistische Baath-Partei – die Partei Saddam Husseins – ein Wohnungsbauprogramm nach ostdeutschem Vorbild auflegen. „Stellen Sie sich vor: Ich sollte Chefarchitekt von Bagdad werden!", sagt Roland Korn und lacht auf. Der 77-Jährige mit dem vollen grauen Schopf lehnt sich kopfschüttelnd in seinen Gartenstuhl zurück. So wie während dieses Gesprächs auf der Terrasse seines Brandenburger Häuschens noch einige Male. Als könne er selbst nicht ganz glauben, welche Wendungen seine Lebensgeschichte genommen hat.

An ihrem Anfang steht ein aufstrebender und vom Sozialismus überzeugter Architekt. Früh gewinnt er wichtige Wettbewerbe. Die SED-Führung hält viel von ihm. Trotz seines jungen Alters vertraut sie ihm die Prestigeprojekte der von ihr so genannten Hauptstadt der DDR an. Am Ende steht die ambivalente, zwischen Zufriedenheit und Verbitterung pendelnde Bilanz eines Mannes, der die Ost-Berliner Architektur wie wenige andere prägte, der sich aber später enttäuscht aus dem öffentlichen Leben zurückgezogen hat.

Aus den Bagdad-Träumen wurde dann doch nichts. Während Roland Korn die letzten Vorbereitungen für die große Reise erledigte, traf der Ost-Berliner Magistrat eine folgenschwere Entscheidung. Er kürte einen Entwurf von Korn und sechs Kollegen vom volkseigenen Entwurfsbüro VEB Berlin Projekt zum Sieger eines Wettbewerbes, an dem sich sechs Kollektive beteiligt hatten. Der immer noch von Kriegsruinen gesäumte Alexanderplatz im Herzen der östlichen Halbstadt sollte zu neuem Leben erweckt werden – als erster Platz im Staate, der weit über Berlin hinaus zeigen sollte, dass es mit der DDR bergauf ging. „Hier ist unser Entwurf", sagt Roland Korn und kramt aus einem Stapel vergilbter Unterlagen eine alte Ausgabe der Zeitschrift *Deutsche Architektur* hervor. Auf einem Modellbild erkennt man den Alexanderplatz in seiner heutigen Form, samt Kaufhaus, Hotel und einer Handvoll größerer Bauten am Rande, wenn auch noch in anderer Anordnung. Die einzigen historischen Bauten auf den Bildern sind die parallel zu den Eisenbahngleisen stehenden Bauten von Peter Behrens, das Alexanderhaus und das Berolinahaus, die den Krieg halbwegs unbeschadet überstanden hatten und von der DDR unter Denkmalschutz gestellt wurden. Ein anderer Bau, den heute viele Menschen mit dem Alexanderplatz verbinden, ist auf Korns Modell nicht zu sehen: der Fernsehturm. Der wurde zwar zeitgleich zur Neugestaltung des Alexanderplatzes gebaut und am 3. Oktober 1969 in Betrieb genommen. Die Planungen Korns und seiner Kollegen für den Alex beeinflusste er jedoch nicht, sagt der Architekt – schon deshalb nicht, weil der Turm strenggenommen gar nicht auf dem Platz steht, der nördlich der Bahngleise endet.

„Unsere besondere Idee war die Dominante des 128 Meter hohen Hotels", erklärt Korn, während er weitere Zeitungsartikel und Mo-dellbilder auf dem Gartentisch ausbreitet. Mit dem Bau der Superlative – das Hotel sollte mit seinen 37 Stockwerken das höchste bewohnbare Gebäude der DDR werden – wollten die Architekten das bis dahin größte städtebauliche Projekt Ost-Berlins angemessen fortsetzen: die Stalinallee. Der politischen Führung, die die Grundlinien für den neuen Alexanderplatz vorgegeben hatte, gefiel der Entwurf des Kollektivs so gut, dass der damalige Berliner SED-Chef Paul Verner beschloss: „Der Korn bleibt hier, die Bagdad-Reise wird storniert." Die Reaktion des Architekten: „Ich war enttäuscht, aber wenn der SED-Chef das sagt, ist es unumstößlich."

Von da an steckte Roland Korn all seine Kraft in den Alexanderplatz. „Das war eine rasante Planung, zum 20. Jahrestag der DDR im Oktober 1969 sollte alles fertig sein." Korn wurde die Gesamtleitung des Projektes übertragen. Hinzu kam die Verantwortung für das Hotel „Stadt Berlin" – das heutige „Park Inn" – und das von ihm mit entworfene 17-geschossige Haus des Reisens an der Nordostecke des Platzes. Ab 1966, mit Beginn der Tiefbauarbeiten, war er Komplexprojektant, also Chefarchitekt, für den Alexanderplatz. Für den damals gerade 36-Jährigen eine „Lebensaufgabe". Die gab ihm nicht nur einmalige Gestaltungsmöglichkeiten, sondern erforderte auch politisches Fingerspitzengefühl. Die Stadtverordneten Ost-Berlins hatten den Wiederaufbau zum „politischen Schwerpunkt Nummer eins" erklärt, Tausende Arbeiter aus allen Teilen des Landes wurden in den folgenden Jahren zusammenzogen. Korns Aufgabe war von höchster politischer Bedeutung. Der Neubau des östlichen Stadtzentrums als „sozialistische Metropole" sollte zum „Symbol der Kraft der Arbeiter und Bauern-Macht" werden, wie die SED-Zeitung *Neues Deutschland* schrieb. „Die starke Hand von Partei und Regierung war sehr hinterher, dass alles funktionierte", erinnert sich der einstige Chefarchitekt heute. Dabei schmunzelt er, denn die ständigen Kontrollen und Vorgaben der Parteiführung erlebte der überzeugte Sozialist weniger als Ärgernis, eher als Ansporn. „Es gab keine Grenzen bis auf die eine: Was die Partei will, ist richtig, das musst du umsetzen." In diesem Spannungsfeld kannte der als Student in die SED eingetretene Architekt sich aus. Wie man politische Anforderungen und Architektur in Einklang bringt, hatte Korn bereits bei seinem vorigen Projekt gezeigt, dem Staatsratsgebäude am Schlossplatz, das bis 1964 nach seinen Entwürfen gebaut worden war.

Die staatliche Einflussnahme beim Projekt Alexanderplatz überstieg jedoch alles Bekannte. Einmal pro Woche mussten die leitenden Planer, Ingenieure und Architekten der Staats- und Parteiführung und vor allem dem Ersten Sekretär der SED-Bezirksleitung Paul Verner präsentieren, was auf der Vorzeigebaustelle geplant war. Immer sonnabends früh um neun. „Das ging bis hin zu den Türdrückern und dem Mobiliar, die abgenickt wurden", erzählt Korn. Wurde mal nicht genickt, mussten sie nachbessern. Beim Hotel zum Beispiel. „Seelenlos" lautete nach einer Präsentation die Kritik von oben, erinnert sich Korn. Nach einigen schlaflosen Nächten hatte der Chefarchitekt dann die rettende Idee: Die von der politischen Führung gerügte Fassade sollte farblich abgestufte Scheiben bekommen – wie ein Spiegel der Himmelsfarben. Die SED-Oberen waren begeistert. Die Umsetzung überforderte jedoch die DDR-Staatswirtschaft. Korn besuchte das einzige geeignete Gussglaswerk in Bitterfeld, um zu erfahren: Technisch machbar, aber wir haben keine Farben! Als Berlins SED-Chef dies erfuhr, wollte er erst nicht glauben, dass die DDR-Industrie diese Farben nicht herstellen könne, erzählt Korn. Der Architekt beharrte jedoch darauf. Drei Tage später kam die Nachricht: Die Bitterfelder dürfen Pigmente aus dem Westen kaufen. Wenn Korn davon spricht und dann erzählt, dass er nach der Wende zu hören bekam, die ostdeutschen Architekten hätten keine Ideen gehabt und nur einfallslose Plattenbauten errichtet, dann wird der sonst so ruhig wirkende Mann zornig. „So ein Käse!", sagt er verärgert.

Einer, der bei den wöchentlichen Sitzungen mit der Berliner SED-Führung ebenfalls stets dabei war, ist Günter Kunert. Der Architekt hat zusammen mit Josef Kaiser das Centrum Warenhaus entworfen und war für dessen Bau zwischen 1967 und 1970 verantwortlich. SED-Bezirkschef Verner „fühlte sich als verhinderter Architekt und wollte bis ins letzte Detail mitreden", erzählt Kunert milde lächelnd. Der schlanke 79-Jährige sitzt im Restaurant im sechsten Stock des renovierten und umgebauten Kaufhauses, das heute „Galeria Kaufhof" heißt. Hier kommt er öfter her. Er lässt den Blick über den Alexanderplatz schweifen und erinnert sich belustigt an eine Sitzung mit der Parteispitze. „Schwarz ist keine Farbe für uns, das ist die Farbe Adenauers", habe der SED-Bezirkschef verfügt. Also mussten Kunert und seine Leute umplanen, wie so oft. „PVC-Beratungen" nannten die Architekten diese Sitzungen spöttisch, „Paul Verners Chefarchitektur". Eines der sichtbaren Ergebnisse der Einflussnahme war, dass die Außenwand des Kaufhauses mit der markanten Wabenfassade nicht grüntürkis werden durfte, wie Kunert sich das gedacht hatte. Da die Hotelfassade bereits blau werden sollte, legte Verner sein Veto ein. „Also mussten wir mit Rot vorliebnehmen." Hatte ein Architekt allerdings mal den SED-Sekretär auf seiner Seite, dann eröffnete das ungeahnte Möglichkeiten. So wollte Kunert für den Fußboden des Kaufhauses, über den später im Durchschnitt 60 000 bis 80 000 Kunden täglich laufen sollten, einen strapazierfähigen Belag haben. Einer, der ihm besonders geeignet schien, war in Frankreich entwickelt worden. Nach langem Hin und Her gab

Verner seine Zustimmung. Der Teppich für das mit 15 000 Quadratmetern größte Kaufhaus der DDR wurde mit kostbaren Devisen eingekauft. Ähnlich pragmatische Lösungen mit Hilfe des kapitalistischen Auslands fand man auch für die Fahrstühle des Hotels oder den Fensterputzlift, der aus Skandinavien importiert wurde. Und die Türgriffe im Haus der Elektroindustrie – dem heutigen Sitz der Bundesministerien für Umwelt und Familie am Nordende des Platzes – kamen aus Düsseldorf. Trotzdem erreichten die Bauherren vom Alex das ehrgeizige Ziel nicht: Ende 1969 sind viele Arbeiten noch in vollem Gange, erst 1973 können sie das Großprojekt offiziell beenden.

Für Chefarchitekt Korn repräsentierte der Alexanderplatz die Ziele der DDR, denen er sich schon als junger Mann verschrieben hatte. Geboren 1930, erlebte er die letzten Kriegstage als Mitglied eines Panzervernichtungstrupps der Hitlerjugend. Danach schwor er sich, nie wieder eine Waffe in die Hand zu nehmen. In der SED sah er nicht die Handlanger der Sowjetunion, die eine Diktatur etablierten, sondern die Partei, die nicht nur gegen Krieg und Nationalsozialismus, sondern auch für volle Chancengleichheit war – und die ihm als Sohn eines Thüringer Klempners den Aufstieg vom Maurer und Bauzeichner zum bedeutenden Architekten ermöglichte. Den Neuanfang und das Selbstverständnis der DDR als besserer deutscher Staat wollte Korn mit seinen Plänen für die neue Stadtmitte auch architektonisch ausdrücken. In einem Text über den Alexanderplatz, den er in den 70er Jahren für das *Neue Deutschland* schrieb, fasste er das so zusammen: „Alle Vorzüge des Sozialismus widerspiegeln sich in der großzügigen architektonischen Gestaltung dieses Platzensembles."

Was die SED in ihrer Losung „Der Mensch im Mittelpunkt" ausdrückte, wollten Korn und seine Kollegen mit Stahl, Beton und Glas umsetzen. „Die Architektur sollte sich nach den Menschen richten, nicht umgekehrt", sagt er. Der Alexanderplatz sollte ein Ort werden, auf dem die Menschen flanierten oder für Massenveranstaltungen zusammenkamen, wie im Sommer 1973 für die 10. Weltfestspiele der Jugend. „Wir wollten einen lebendigen, abwechslungsreichen, farbenkräftigen Platz", sagt Korn und nennt als Beispiele die bis heute als Treffpunkt beliebte Weltzeituhr nach Plänen des Gestalters Erich John und den vom Künstler Walter Womacka entworfenen bunten Brunnen der Völkerfreundschaft – von der SED-Führung sowie den Architekten und Künstlern gemeinsam konzipierte Gestaltungselemente, die dem großen Platz eine Struktur geben und ihn attraktiv machen sollten. Die größte Freude machte Korn zu sehen, wie der Alex nach und nach zur Bühne für das öffentliche Leben wurde. „Ich erinnere mich genau an den ersten Weihnachtsmarkt auf dem Alex im Winter 1969/70", sagt Korn. „Da stand das Riesenrad vorm Hotel und leuchtete weit in die Stalinallee rein – das war bewegend."

Auch nicht der SED angehörige Architekten wie Günter Kunert nahmen die Maxime „Der Mensch im Mittelpunkt" ernst: „Ich baute ja nicht für die Parteioberen, auch wenn die uns regelmäßig reglementierten", sagt Kunert. „Ich baute für die Berliner!" Der Kaufhaus-Architekt war nie in der Partei und stand ihr nach eigenem Bekunden immer distanziert gegenüber. Die für Kunert wichtigste Erinnerung an den Platz vor seinem Kaufhaus ist deswegen eng mit dem Ende der SED-Herrschaft verbunden. „Die Demonstration am 4. November 1989 war für mich die herausragende Veranstaltung hier", sagt Kunert. „Dieses Gefühl, dass sich bald etwas ändern wird, dass endlich Ehrlichkeit einkehrt, das gab mir große Hoffnung."

Auch wenn nicht alle Hoffnungen erfüllt wurden, wie er sagt, wirkt Günter Kunert ganz zufrieden damit, wie sich nach der Wende der Alexanderplatz entwickelt hat. Eines kann er jedoch nicht akzeptieren: dass im Zuge der Sanierung des Kaufhauses die prägnante Wabenfassade verschwunden ist. „Diese Fassade gehört zur Baugeschichte Berlins und war ein herausragendes Merkmal des Alexanderplatzes – sie zu beseitigen ist ein Akt von Geschichtsvergessenheit", schimpft der Architekt. Die neue Natursteinfassade ist für ihn eine „Allerweltsfassade". Das neue Innenleben des Hauses gefällt Kunert hingegen sehr. „Schauen Sie, das ist doch großartig", schwärmt er, als er an der Rolltreppe im Obergeschoss des Kaufhauses steht und dem Besucher die neue, von Josef Paul Kleihues entworfene Glaskuppel zeigt, durch die das Sonnenlicht fällt. Auch wenn das radikal umgebaute Kaufhaus mit Kunerts und Kaisers Bau äußerlich kaum noch Gemeinsamkeiten hat, erkennt der Architekt an der Struktur überall seine Handschrift. „Wir hatten das Haus so gebaut, dass es jederzeit flexibel an neue Bedürfnisse angepasst werden kann", sagt Kunert stolz. „Es war ein Ausnahmekaufhaus, und heute ist es das auch noch."

Roland Korn hingegen wirkt nicht sehr glücklich über den Gang der Dinge. Den Mauerfall und die Wende 1989/90 bewertet er als „die schlimmste Zeit meines Berufslebens". Nach seinen Arbeiten auf dem Alexanderplatz, für die ihn die DDR mit ihrer höchsten Auszeichnung ehrte, dem Nationalpreis, hatte Korn noch etliche andere für die DDR-Architektur wichtige Projekte betreut, darunter ab 1973 die Neubaugebiete Marzahn, Hellersdorf und Hohenschönhausen. Seit diesem Jahr war er auch Chefarchitekt für ganz Ost-Berlin. Damit war nach der Wende Schluss. Dennoch gelang ihm der Übergang in die Marktwirtschaft besser als manchem Kollegen. Nachdem ihm die nun auch für Ost-Berlin zuständige Senatsverwaltung einen Job als Archivar angeboten habe, nahm er sich den Kommentar eines Bekannten zu Herzen: „Reg dich nicht auf, die Schlacht ist verloren, mach was Neues!" Er kehrte dem Staatsdienst den Rücken. Fast zehn Jahre lang entwarf Roland Korn dann als selbständiger Architekt Hotels, Bürogebäude oder Einfamilienhäuser. Seit Ende der 90er Jahre ist der einstige erste Mann der Ost-Berliner Architektur Rentner.

Zum Alex hat Korn bis heute eine besondere Beziehung. Bei seinen sporadischen Berlin-Besuchen geht er über den Platz, macht Fotos von den Gebäuden, um sie daheim zu malen und mit den Zeichnungen und Gemälden von früher zu vergleichen. Die Bilder von Ost-Berliner Bauwerken füllen im Wohnzimmer seines Brandenburger Häuschens die Wände. Etliche der von Korn gemalten Berliner Gebäude sind längst verschwunden. Viele davon galten als herausragende Werke der sozialistischen Moderne und wurden nicht nur von Architekturliebhabern mit Ost-Biographie geschätzt, wie das „Ahornblatt" an der Leipziger Straße, das ehemalige Außenministerium am Spreekanal gegenüber dem Palast der Republik oder das Hotel Unter den Linden. „Eine Schande", sagt der Architekt. Auch am Alexanderplatz gefallen ihm die meisten Neuerungen nicht, wenngleich Korn erleichtert ist, dass nach der Wende kursierende Abrisspläne für seine Bauten am Alex vorerst nicht umgesetzt wurden. Trotzdem: Sein Hotel, das eine neue Spiegelglasfassade bekommen hat, ist für ihn ein „Allerweltsglaskasten" geworden. Den Flachkörper unterhalb des Hauses, in den ein Elektromarkt einzog und dessen Front neu verglast wurde, findet Korn „scheußlich". Trotzdem zieht es ihn immer wieder zu dem Platz hin. Wie er sich heute bei seinen Besuchen an dem für ihn so zentralen Ort fühlt? „Gemischt", sagt er und schaut wehmütig auf die Bilder an der Wohnzimmerwand. „Ich vermisse viele Dinge, aber mir ist völlig klar, dass man nicht ignorieren kann, dass die Weltgeschichte voranschreitet."

1985

1985

1986

2003

2007

2005

2006

2003

Freya Klier Sturm über Berlin

„Wir, parteilose Bürger dieser Stadt", begann der flammende Appell, „verfolgen mit Entsetzen den Vormarsch der ehemaligen SED-Kader – und mit uns die überwiegende Mehrheit unserer Mitbürger im Land. Eine Partei greift nach der Macht in Berlin, die Menschen vierzig Jahre lang auf den Knien hielt. An ihrer Spitze Herr Gysi, der anscheinend sein gesamtes DDR-Berufsleben lang an der Unterdrückung der demokratischen Opposition mitwirkte … und unsere Stadt bereits wieder spaltet wie kein anderer …"

Mit solch aufrüttelnden Worten planten wir, uns in die Lüfte zu erheben. Nicht vom Alexanderplatz aus, an dem wir vor allem rechte Dumpfbacken und verkniffene PDS-Gesichter witterten, sondern von einem Ort aus, der noch knapp in West-Berlin lag, im „Freien Teil" der Stadt. In dem allerdings fühlten sich bereits viele nicht mehr frei, seitdem der Osten da war.

Sollte hier ein neues Wirtschaftswunder Abhilfe schaffen? Das deutsch-deutsche Missbehagen wurde kurzerhand zugeschaufelt, in hektischer Betriebsamkeit: Eine riesige Fläche geschichtsträchtigen Bodens verschwand unter eleganten Business-Platten. Es war der Potsdamer Platz.

Nicht dass wir uns an diesem Platz zu Hause gefühlt hätten. Doch er verfügte über eine Besonderheit: Man konnte von hier aus in den Himmel aufsteigen, ein wenig zumindest. Von der Plattform eines Heißluft-Ballons aus, der Touristen einen Rundblick über Berlin bot und SAT1 eine große Werbefläche, ließen sich prima Flugblätter abwerfen … Und genau das hatten wir vor! Ein Überraschungscoup, bei dem wir Ordnungsstrafen einkalkulierten.

Es war der 1. Oktober 2001 – eine Berlin-Wahl stand an. Uns drängte es, die Berliner vor der PDS zu warnen, die sich mit all ihrem Reichtum und all ihrer Skrupellosigkeit bereits kräftig ins vereinte Deutschland schob. Also hatten wir Flugblätter gedruckt, auf denen wir mahnten: WÄHLT EINE DEMOKRATISCHE PARTEI!

Wer aber waren *wir*?

Unser *Wir* an diesem frühen Oktobertag 2001 bestand aus dreißig Freunden – genau so vielen, wie auf der Ballon-Plattform zugelassen waren, wir hatten uns vorher erkundigt. *Wir*, das war ein sich prima anfühlendes Kollektiv aus Malern und Bildhauern, Drehbuchautoren und Psychologen, Sprachlehrern, Journalisten und auch Arbeitslosen, ergänzt durch ein paar Schüler und Studenten … eine Mischung aus Ost-Dissidenten und 68ern, 78ern und eben jüngeren Semestern. Uns einte, dass wir die Nase voll hatten von der „Gysi-Kreml-Sekte", wie wir die PDS bevorzugt nannten – die Nase voll auch von den schlafmützigen West-Berlinern, die zwar ständig jammerten, doch nicht bereit waren, ihre Demokratie zu verteidigen.

Uns dagegen drängte es zum Widerstand! Aufhalten wollten wir sie, diese Partei, die wir ja alle bis zum Erbrechen kannten und die nun – jahrelangen Todesorakeln zum Trotz – auf dem Weg war, sich gesamtdeutsch zu etablieren. Ein Alptraum.

An ihre Taten musste erinnert werden. Schwere Geschütze fuhren wir auf: die Diskriminierung von Homosexuellen, die willkürlichen Verhaftungen wegen „Asozialität", den Abtreibungszwang für vietnamesische Vertragsarbeiterinnen, das nicht endende Spitzeln und Rückgrat-Brechen, die Zerstörung der Umwelt, den Ruin von Wirtschaft, Dörfern und Städten …

Wir bekamen Platzprobleme. Denn unsere schlagkräftigste Parole musste schließlich auch noch drauf auf die Seite: „Wir sagen: Nein! Nie wieder rechts, nie wieder Sozialismus!"

Diese Flugblätter – unauffällig in Taschen und unter Jacken versteckt – planten wir, dem Wind zu übereignen, auf dass sie über das nahe Brandenburger Tor flatterten, um niederzugehen im Osten und im Westen.

Das war am Vormittag. Zwei Stunden später krochen wir, statt am Potsdamer Platz gen Himmel aufzufahren, aus einem U-Bahn-Tunnel am Alexanderplatz! Was war geschehen?

Wie so oft in der Menschheitsgeschichte wurde auch an diesem 1. Oktober 2001 das Gute ausgebremst: Über Berlin war ein Sturm aufgezogen und machte unseren Plan zunichte.

Schon als wir aus unseren Hauseingängen traten, ahnten wir die kommende Misere. Am Potsdamer Platz dann wurde aus der Ahnung Gewissheit: Der Ballon blieb an diesem Tag am Boden … und damit auch wir.

Über diesen Schicksalsschlag brachen wir in ein der Situation nicht angemessenes, doch wohltuendes Gelächter aus. Dann gingen wir erst mal gemütlich Kaffee trinken, beschworen die Antike und das französische Kino.

Wohin nun aber mit unseren Flugblättern? Wir entschieden uns für den Alexanderplatz. Zwar mochten wir den noch weniger als den Potsdamer Platz, doch waren wir uns einig, dass sie genau dorthin gehörte, unsere Mahnung.

Bereits in der U-Bahn Richtung Alexanderplatz begann unsere Verteilungsaktion – statt vom Himmel zu flattern, wurden die farbigen Blätter nun per Hand überreicht, unter der Erde. Die Leute nahmen sie gern, vermutlich wegen unserer ansteckenden Fröhlichkeit. Tatsächlich waren wir aufgekratzt wie Schüler auf der Klassenfahrt – ein bisschen Happening-Charakter wenigstens wollten wir uns bewahren. Denn wir ahnten, davon würde nicht viel bleiben nach unserer Ankunft auf dem Alexanderplatz.

So war es dann auch. Als wir am Ziel aus dem U-Bahn-Schacht stiegen, holte uns, die wir aus dem Osten stammten, die DDR tatsächlich ein. War dieser Platz jemals etwas anderes als eine windige Aufmarsch-Fläche gewesen – mit Parade-Stechschritt und Fahnenmeer?

Tapfer verteilten wir uns auf der riesigen Fläche.

Ich kam gegenüber dem Haus des Lehrers zum Einsatz, schaute auf den Womacka-Fries, eine Bauchbinde aus Mosaik. Den Fries hatte ich mir, als ich 1978 aus Studiengründen Berlinerin wurde, mal ausführlich betrachtet. Bin die 125 Meter um das Gebäude herum gelaufen, den Kopf nach oben gereckt. Schon damals war es dieses luftige, fast spielerische Mosaik in Gelb-, Rot- und Brauntönen, mit Motiven, wie wir sie aus unseren Pionier- und FDJ-Zeitungen der 60er Jahre kannten: im Reigen tanzende Kinder, der kräftige blonde Arbeiter mit der roten Fahne, der Soldat auf Friedenswacht … und irgendwo auf der Rückseite Womackas hübsches Liebespaar am Strand, das bekannte Motiv hier etwas abgewandelt. Dazu ringsherum viel Sonne, viel Friedenstaube, viel Luftballon …

So einen Staat hätte man sich gewünscht. Doch der Fries am Haus des Lehrers war Propaganda, war der Bild-Kontrast zur Realität: Die Schule der DDR war ja ein Hauptort der Erziehung zur Lüge! Jeder Schüler während der vierzigjährigen Diktatur hatte eine Wirklichkeit zu beschreiben, die es nicht gab … hatte etwas wissenschaftlich zu begründen, was die meisten von ihnen völlig anders erlebten. Diese Erfahrung erzeugte keine lichten Bilder wie das Mosaik am Haus des Lehrers.

Ein Aufmarsch fiel mir plötzlich wieder ein, von Ende Januar 1990: Die Mauer war bereits gefallen, und Lehrer hatten es schwer in dieser Zeit – denn sie mussten die Fragen ihrer Schüler aushalten, warum sie sie jahrelang belogen hatten. In diesem Januar 1990 nun gab es plötzlich eine Demonstration von Pädagogen, die der SED/PDS angehörten. Der Zug kam aus dem Haus des Lehrers, von dort ging es um den Alexanderplatz herum und weiter Richtung Brandenburger Tor. Doch auf ihren Transparenten entschuldigten sich die Lehrer nicht etwa für die Gehirnwäsche am DDR-Nachwuchs, an der sie ja maßgeblich mitgewirkt hatten. Nein, auf Transparenten forderten sie, vom Westen, ihrem Klassenfeind, verbeamtet zu werden …

Wie viele bunte Blätter hatte ich noch zu verteilen? Ich war im Osten gelandet, auf einem Platz, den ich immer gemieden hatte, wenn es irgend ging. Auf dem Polizisten in Uniform patrouillierten oder Stasileute in Zivil. Auf dem Spaziergänger nicht den Fehler begehen durften, ihre Ausweise nicht bei sich zu tragen. Wo in Minutenschnelle verhaftet wurde, wer ein DDR-kritisches Plakat hochhielt …

An der Weltzeituhr trafen sich ohnehin nur naive Ortsfremde.

Ich musste tatkräftig bleiben mit meinen Flugblättern, zumindest so wirken – ein Journalist hatte sich an mich gehängt.

Warum bloß hatten wir uns für den Alexanderplatz entschieden? Es gab doch auch Gegenden mit Atmosphäre, auch zu DDR-Zeiten! Wir hatten Kirchen und Wohnungen, in denen wir uns zu Hause fühlten … in denen das Leben pulsierte – meist im Hinterhaus, meist mit Klo auf halber

Treppe. Doch das störte uns nicht, und ich kannte niemanden, der gern in eine der sterilen Neubau-Wohnungen am Alexanderplatz getauscht hätte: Dort wohnten die Fahnenschwenker, die zuverlässigen Genossen. Dort war das Spitzeln und Anscheißen zu Hause, wenn ein Nachbar an einem staatlichen Feiertag vergessen hatte, die DDR- Fahne zu hissen … Der Prenzlauer Berg dagegen, in dem ich wohnte, war zwar grau, doch kreativ. 1986 hatte ich dort in einer leeren Fabriketage mit zwei nicht gerade „deutsch" aussehenden Lehrlingen ein Stück des Südafrikaners Athol Fugard einstudiert. Es war unser Beitrag gegen den Rassismus in der DDR. Bei den beiden Jungs handelte es sich um die Söhne eines sudanesischen Studenten, der wie alle Afrikaner nach dem Studium die DDR wieder verlassen musste. Seine Söhne aber blieben zurück, mit ihrer dunklen Hautfarbe. Sie hatten nichts zu lachen …

Noch immer sah ich sie am Alexanderplatz – diese Gesichter, aus denen keine Neugier aufs Leben sprach. Menschen, die in den Parolen hocken geblieben sind, die ihnen die Partei vierzig Jahre lang eingetrichtert hat. Und ich hielt ihnen Flugblätter entgegen, den ewig Gestrigen. Ich wäre am liebsten abgehauen, so mies wurde die Atmosphäre plötzlich, mein Arm war bereits schwer wie Blei.

Alexanderplatz – das hieß alljährlich auch: Maiparade. 1985 hatte ich dazu in meinem Tagebuch festgehalten:

Ich schalte, wie jedes Jahr zum 1. Mai, das DDR-Fernsehen ein. Ein etwas masochistisches Vergnügen. Schaue hinein in den endlosen Jubelzug, der sich vorbei an den Tribünen ergießt. Fahnen, Transparente, der Regierung dankende Gesichter.

Ich interessiere mich ausschließlich für den zweiten Teil. Den ersten überspringe ich, da marschieren die Betriebe. Doch im zweiten Teil marschiert die Kultur. Jedes Jahr schaue ich zu, wie die sich sonst so seriös gebärdenden Kollegen und Chefs auf einmal wie dressierte Pferde an der Tribüne vorbeitraben. Wie sie blöde und etwas verklemmt hinauflächeln. Manchmal holt die Kamera ein berühmtes Gesicht als Großaufnahme heraus: Das kommt dann besonders gut.

Ich brauche dieses Bildschirmerlebnis, weil ich dann vieles begreife in diesem Land.[1]

O doch, es roch noch immer tief nach Osten am Alexanderplatz – in diesem Oktober 2001.

Und heute? Nach wie vor gibt es eine breite, mehrspurige Kluft zwischen dem Platz und den Quadern des sozialistischen Plattenbaus. Die sind inzwischen auf „gesamtdeutsch" getrimmt, auch das Kaufhaus hat jetzt den Standard von Mannheim und Minden. Das Interhotel, zu DDR-Zeiten durchgehend verwanzt, nennt sich heute „Park Inn". Auch das Haus des Lehrers ist modernisiert, Womackas „Bauchbinde" leuchtet im neuen Glanz. Man gibt sich alle Mühe, wenigstens äußerlich im vereinten Deutschland anzukommen. Doch auf dem Alexanderplatz wird nicht *SPIEGEL* gelesen, sondern *SUPERillu* … nicht *DIE WELT*, sondern die *Junge Welt* – noch immer.

Mit den Straßenbahnen, die seit den 90er Jahren wieder am S-Bahnhof entlangfahren, beginnt sich die Atmosphäre des großen Aufmarschgeländes zu lockern. Im Sockel des Fernsehturms gibt es heute leckere Ampelmännchen zu kaufen – als Fruchtgummi mit Vitamin C. Dahinter rechts kann sich der Blick endlich an etwas Schönem laben: der alten Marienkirche. Und im Roten Rathaus gegenüber? Dort sitzen längst jene, denen im Jahr 2001 unsere Flugblätter galten. Sie haben inzwischen das Wörtchen „links" besetzt, so wie sie ihr Parteileben lang „Demokratie" und „Frieden" besetzt hielten. Wir haben sie nicht verhindern können mit ein paar Flugblättern. Doch dass sie nichts zustande gebracht haben in ihrer nun schon zweiten Mitregierungszeit, das hat sich inzwischen auch in Ost-Berlin herumgesprochen. Wenn wir Glück haben, werden sie also irgendwann verschwunden sein aus dem Roten Rathaus – so wie ihr Asbest-Palast der Republik.

Durch die Grünanlage in Richtung Spree flanierend, erkennt man, dass da sogar die Pensionäre Marx & Engels nicken …

1 Freya Klier, Abreiß-Kalender, S. 104

1. Mai 1984

Reste einer verhinderten Demo 1983

KAUFHOF
DER MENSCH
ER STELLT SICH ÜBER DIE DINGE.
ER SPIELT IN DEN LABORS GOTT.
POLIZEI

2004

1990

1980

Lutz Rathenow Das Versprechen auf einen gültigen Ort

Jeder Platz hat seinen Platz. Doch dieser hier muss irgendwann geplatzt sein und verlor seine Gestalt in der Unübersichtlichkeit eines Raumes, und er fand diese nie wieder. Der Alexanderplatz: der zerbaute Ort schlechthin.

Bertram liebte diesen Ort, seit er Berlin liebte. Seit jener Nacht auf den Parkbänken auf dem und rund um diesen Platz. Er lief jetzt aus einer unüblichen Himmelsrichtung auf ihn zu, er hatte aus dem Geldautomaten vor der Bank noch ein paar Scheine gezogen. Von dieser Seite aus betrachtet wirkte alles wie ein klug konzipiertes Kunstwerk. Mit einer Sichtschneise zwischen den beiden denkmalgeschützten langen Bauten. Und zwischen ihnen, dahinter, stand der aus dieser Entfernung gar nicht so große Fernsehturm. Viel Baustelle davor, aber das würde ja einmal aufhören, wenn es einmal aufhörte. Er eilte nun wie die anderen über die Straße, Langsamgehen hatte in dieser Stadt etwas Unanständiges, langsam gingen die Trinker, Lyriker und Taschendiebe – zumindest vor ihrer beruflichen Pflichterfüllung – und natürlich die Touristen. Die tappten einmal in die eine, dann in die andere Richtung. Gerade auf diesem Platz tanzten sie gern hin und her, auf der Suche nach dem, was sie suchten.

Bertram schritt an einer Baustelle rechts vorbei, die beim letzten Besuch noch normale Straße war. Hier war er vor zwei oder drei Wochen mit einem Taxi vorübergefahren und hatte etwas von einem Bunker unter dieser Straße gehört, der gerade bei den Erdarbeiten wiederentdeckt worden sei. „Mein Opa baute da mit und war noch im Krieg drin, Luftschutzbunker, da vorn oder da vorn" – der Fahrer gestikulierte in vier verschiedene Richtungen, bevor er sich trotz dichten Verkehrs zu Bertram umdrehte – „bei einem Angriff wurde der Notausgang beschädigt, alle verließen fluchtartig den Raum, nur das Gold der Familie – vier, fünf Ketten, zwei Zahnkronen und sieben Münzen – blieben drin. Aufbewahrt in einer Büchse mit dem Tarnaufkleber ‚Pflanzengift'." Einmal sei er mit einem Freund runter und im falschen Bunker gelandet. Bald wolle er noch einmal, diesmal wüsste er den Einstieg von der Kanalisation her. Bertram lächelte, vielleicht kletterte der Bunkerfreak gerade unter ihm durch die Gänge auf der Suche nach dem lieben, bösen Gold.

Da prallte Bertram auf einen Menschen, der sekundenschnell vom wütenden Blick auf kommunikatives Lachen umschaltete: „Siehst gut aus. Hab's leider eilig. Man sieht sich." Bertram versuchte sich gar nicht erst zu erinnern. Er kannte den Mann nicht. Wirklich nicht? Wer zeigte erste Anzeichen von Alzheimer – der oder er? Dafür erinnerte sich Bertram noch an die Bank, an jener Stelle, an der heute ein Geldinstitut residierte. Heute galt es Bank und Bank nicht zu verwechseln, damals waren alle Banken zum Sitzen und Ausruhen da, und halblinks von ihr war die Buchhandlung gewesen, die trotz ihres Namens „Das Gute Buch" so manches gute Buch nicht auf Lager hatte.

Auf der Bank küssten sie sich zum ersten Mal. Er löste sich aus der erwartungsvollen Trägheit, aus der er sich damals so ungern verabschiedete. Schon eine Frau anzusprechen hieß, sich in eine riskante Wirklichkeit zu begeben, weg aus der Welt der Möglichkeiten, die er beherrschte. Doch Bertram hatte Jana längst angesprochen, sie fuhr mit ihm in den Urlaub an die Ostseeküste oder so weit sie kamen ohne festes Quartier und ohne viel Geld. Natürlich besuchten sie erst einmal Berlin. Der Osten Deutschlands enthielt zwei Sehnsuchtsorte: die Küste und Berlin. Alle Wege führten nach Berlin und endeten oder begannen auf diesem Platz, bei der neuerrichteten Uhr. Sie verkündete die Zeiten aus jenen Teilen der Welt, die Bertram nicht bereisen durfte. Die Wege lockten zu jenem Brunnen am Alex, der sommers ein erfrischendes Bad verhieß, was aber unerwünscht oder verboten war – je nachdem, wie stark die Ordnungsdurchsetzungswilligkeit der Vertreter der Staatsmacht gerade war. Der Alex erfüllte Wünsche und weckte neue. Mit wie vielen Westberlinern verabredete Bertram sich später an dieser Uhr? Oder stand sie in jener Nacht noch gar nicht? Sondern erst ein paar Jahre darauf, als dieses Festival ablief, das sich nach Jugend, Welt und Spielen nannte und eine Menge Leute aus der Fremde hereinströmen ließ, die nicht nur diesen Platz belebten? Eines wusste Bertram ganz genau: Da hinten, neben der Weltzeituhr, hatte der verbotene Sänger damals zwei Lieder gesungen. Ohne Gitarre und ohne festgenommen zu werden. Aber existierte die Uhr schon, als er mit seiner ersten richtigen Freundin auf der Bank saß und Kuss für Kuss in eine zum Liegen tendierende Position rutschte? Er lächelte den Polizisten verwirrt an und ordnete das lange Haar mit einer Handbewegung. Dann zog er aus der Gesäßtasche seiner Jeans den Ausweis, und Jana tat es ihm nach ohne witzig blödelnde Bemerkung. Und beide tappten widerspruchslos dem Ordnungshüter hinterher. Personenkontrolle, Verdacht auf … Es gab eintrainierte Formulierungen. Genau konnte sich Bertram nur an die Sprechfunksäule erinnern. Er sah sie kürzlich auf einem Foto in einem Buch über jenes Berlin, das sein Berlin war. Ein Polizist stand neben der Säule vor der Buchhandlung und gab wie bei ihm damals per Funk die Daten des Ausweises durch. Immerhin hatten beide einen richtigen und nicht nur einen Ersatzausweis. Immerhin war Jana schon 16, nicht von zu Hause weggelaufen, gegen beide existierte kein Berlinverbot. Es gab keinen Grund, sie mitzunehmen. Der Polizist untersagte ihnen nur, sich weiter auf dieser Bank zu küssen oder dort zu schlafen. „Was meinen Sie damit?", fragte Bertram, bei dem mit zurückgereichtem Ausweis auch die Lust zu Frechheiten wiederkehrte. „Bürger, folgen Sie der Aufforderung! Ich erteile Ihnen im Interesse der Aufrechterhaltung der öffentlichen Ordnung Alexanderplatzverbot für die heutige Nacht!" Und Bertram und Jana zogen eine Bank weiter. Sie müsste bei der Kongresshalle gestanden haben, dort befreite er sie vom Pullover und küsste und streichelte alles oberhalb des Bauchnabels. Bis sie …

Bertram entschuldigte sich bei einem Mann, der ein Einkaufswägelchen aus Metall hinter sich herzog. Bertram hatte ihn angerempelt und sah Dosen und Bücher im Wagen.

„War denn die Gestapo schon wieder da?", sprach der leicht gebeugt gehende Mensch undefinierbaren Alters mit unerwartet fester Stimme. „Wenn wir uns schneller töten, als die Terroristen uns töten können, dann haben wir sie ausgetrickst."

Aha, dachte Bertram, wieder einer von den vielen, die diese Stadt anzog wie bestimmte Insekten das Licht. Der redete in Aphorismen und weigerte sich, seine Medikamente zu nehmen. Machte sie die Stadt verrückt, oder fühlten sie sich im verworrenen Gemenge dieses Ortes einfach geborgen? Schon ging der andere weiter, mit kurzen, mechanischen Schritten.

Bertram strebte einem Café entgegen. Er wollte sich in Ruhe erinnern. An eine der glücklichsten und schönsten Nächte seines Lebens, die auf diesem Platz begann und sich fortsetzte, wo jetzt der gigantische neue Einkaufstempel stand. Bis wieder ein Polizist kam, der sie wieder kontrollierte und zu einer Bank schickte, die nicht mehr in seinem Bereich lag.

Bertram setzte sich an einen Tisch, an dem schon eine Frau saß. Sie las eine Berliner Zeitung, die auch so hieß. Bei ihrem „Ja" auf seine Frage, ob denn hier frei sei, blickte sie kaum auf.

„In München musst du dich aufstylen, wenn du ausgehst, in Berlin stylst du dich lieber herunter", sagte eine junge Frau zu einer anderen am rechten Nebentisch – schon im Aufstehen und Weggehen. Er bestellte Espresso, dazu frisch gepressten Orangensaft und dachte an die dritte Bank, auf der er zum ersten Mal mit seiner Hand in ihrer kleinen, dünnen Hose unter der Hose herumspielte. Dort war es fast so feucht wie in seiner Unterhose, als sie plötzlich zielstrebig dort zu streicheln begann. Auf eine Weise, die verriet, dass sie nicht zum ersten Mal für diesen Zweck ihre Finger benutzte. Dort war es ein Polizeihelfer in Zivil, der sie störte. Und der hatte sogar einen guten Tipp. Die nächste Bank lag einen größeren Spaziergang entfernt, dafür wurden sie fast zwei Stunden in Ruhe gelassen. Und er erlebte sie gänzlich ohne Hose und lernte ihre untere Körperhälfte kennen. „Bin ich dir eigentlich süß genug?", fragte sie, und er ahnte mehr ihr Lächeln, als er es in der Dunkelheit sah. Er nahm seinen ganzen Mut zusammen und machte mit dem Mund das, worüber er schon etwas gelesen und wovon er in Jungmännergesprächen gehört hatte. Er fand, was er zu schmecken bekam, interessant und bittersüß. Und hörte zum ersten Mal von einer Frau jene Geräusche, die das Jahre zuvor von den Eltern geschenkte Buch „Mann und Frau intim" als Begleiterscheinung des Orgasmus beschrieb. Zum ersten Mal erzeugte Bertram bei einer Frau dieses japsende Stöhnen – ein tolles Gefühl. Als sie wieder zum normalen Atmen überging, zog sie ihn auch vollständig aus, ließ ihn sich auf die Bank legen und bewies noch einmal ihren Erfahrungsvorsprung. Bertram glaubte noch Tage danach, die Abdrücke der relativ dünnen Holzbalken auf seinem Rücken zu spüren.

Die Frau vor ihm entschuldigte sich, weil sie Zucker neben statt in ihre Tasse geschüttet hatte. Ihre Stimme klang angenehm, trotzdem störte es Bertram, aus der Erinnerung gerissen zu werden. Sie hatten noch zweimal die Bank gewechselt. Doch fehlten ihm die Bilder vom Rest der Nacht, obwohl der Mond völlige Dunkelheit verhinderte.

Rechts neben ihm saßen jetzt zwei Männer und stritten über ein Buch mit grünem Umschlag. Der eine las laut vor: „*Oder Beamte in Zivil, die durch betont gleichgültiges Schlendern ein gleichgültiges Schlendern vortäuschen. Nach einem, der mit wechselndem Partner am Alexanderplatz läuft, halte ich bewusst Ausschau. Ein prägnant durchschnittlicher Typ. Manchmal spaziere ich suchend über den Platz. Bin beruhigt, wenn ich ihn sehe.* So ein Quatsch! Alle hatten sie Angst. Und jetzt die große Lippe riskieren!“

Da nahm ihm der andere den Band aus der Hand. Beide sahen wie Geschäftsleute aus. Der andere rezitierte freundlicher: „Lies doch weiter: *Einmal grüße ich versehentlich. Er errötet. Und spaziert hinterher, bis zur Mokkastube.* Ist doch ganz witzig. Habe ja hinter den Kameras gesessen und hatte wenig Kontakt zu Menschen. Nur zu unseren Genossen. Ich hätte zur Abwechslung gern mal einen verhört.“ Bertram verfolgte amüsiert, wie sich zwei ehemalige Mitarbeiter des Überwachungsministeriums über einen für sie nicht schmeichelhaften Text stritten. Ein gutes Zeichen, sie hatten verschiedene Meinungen, und sie äußerten diese auch noch laut.

Er wollte aber weiter an Jana denken und an die erste Bank damals. Stand sie dort, wo der Bekannte eines Bekannten bei Tiefbauarbeiten eine alte Patrone fand, von der er behauptete, sie sei noch von den Barrikadenkämpfen 1848?

Die am Nachbartisch schwiegen jetzt und lasen Zeitung. Die Frau vor ihm tippte eine SMS in ihr Handy und blickte erneut auf das bedruckte Papier. Alle hier lasen Zeitung, wenn sie nicht die viel zu kleinen Kuchenstücke in sich hineinlöffelten. Früher wäre es beim besten Willen nicht möglich gewesen, so lange in einer der Tageszeitungen zu lesen. „Bitte zahlen!“, rief die Frau vor ihm und schien es plötzlich eilig zu haben. „Stimmt so“, bekam die Bedienung zu hören. Schon war die Frau im Gang des Bahnhofes verschwunden, sie hatten sich kaum ein pflichthöfliches „Wiedersehen!“ gesagt. Bertram orderte noch einen Espresso.

Wie würde Jana heute aussehen? Ihre Beziehung endete schon im Urlaub, als auf einem Bahnhof zwei Züge in entgegengesetzte Richtung fuhren. Das war nicht so wichtig. Wichtig war diese Nacht hier gewesen. Später verabredete er sich noch ein einziges Mal mit einer Frau auf diesem Platz. Eine Telefonnummer in der Männertoilette … Die Fremde kam wirklich. Es hatte ihr jemand einen Streich gespielt. Sie ließ sich gern einen Streich spielen. Bertram flüchtete feige nach fünfzehn Minuten – wieder musste die Toilette herhalten. Nichts, woran sich einer gern erinnert. Jetzt blätterte Bertram in der abgelegten Zeitung der Frau, fand zwischen den Seiten Rechnungen, Werbung, eine unbeschriftete Postkarte – und ihren Personalausweis. Neu, mit dem biometrischen Passbild und einem Namen, bei dem Bertram automatisch lächeln und den Kopf schütteln musste. Aber Jana hießen viele. Und der Name hinter dem Vornamen sagte ihm gar nichts. Der Geburtsort allerdings … So ein Zufall wäre in jedem Film als absolut unglaubwürdig vermieden worden. Das Geburtsdatum dagegen ließ ihn wieder ratlos – war sie nicht ein Jahr älter gewesen? Er nahm sich vor, die Adresse gar nicht erst zu lesen. Bertram ging an den geschwungenen Tresen, lieferte den Ausweis ab und zahlte gleich. Es trieb ihn vor die Tür. Er wollte doch hier noch irgendetwas kaufen. Er würde jetzt so lange herumlaufen, bis es ihm wieder einfiel. Jeden treibt es an diesen Platz zurück, dachte er, der klebt an einem. Zwei traten nach ihm durch die Glastür aus dem Bahnhof, jeweils zwei Kugeln Eis in einer spitzen Tüte, der eine in der rechten, der andere in der linken Hand. Da sie die Zunge auf ähnliche Weise bewegten, lutschten sie sozusagen spiegelverkehrt an einer imaginären Riesentüte Eis zwischen ihnen.

Bertram lief weiter über den Platz, der ihm so vertraut war wie kaum ein anderer in dieser seiner Welt. Entfernte man sich von ihm, bedurfte es einiger Mühe, sich den Ort wieder vorzustellen. Doch Bertram wollte ja noch etwas. Auch wenn ihm noch nicht eingefallen war, was es war.

2006

Was der Parteitag beschloß
verwirklichen wir durch unsere Tat

1982

1980

1984

1979

1979

BILFINGER BERGER
BILFINGER BERGER
BILFINGER BERGER
20 Uhr

2005

2005

1980

Horst Bosetzky   Berlin Toter Platz

Wo ist denn hier eigentlich ein Platz? Ich kann keinen entdecken, obwohl gleich drei U-Bahnhöfe den Namen „Alexanderplatz" tragen. Aber vorn an die Züge der U5 und in die Netzspinnen „Karree Karl-Liebknecht-, Alexander-, Grunerstraße und Stadtbahn" zu schreiben, überforderte wohl die Grafiker und die Zugdesigner. Allenfalls die Abkürzung „Karree KAGS" wäre wohl praktikabel. Die damit verbundene Assoziation brächte auf den Punkt, was ich vom Alex halte.

Ochsenplatz hieß er einmal, und in Anlehnung an den Roten Platz in Moskau schlage ich vor, ihn Toter Platz zu nennen. Wenn es denn überhaupt ein Platz ist. Nicht nur ich habe da meine Zweifel, auch andere hegen sie: *Alex nennen die Berliner ihren Alexanderplatz, der im Grunde nichts weiter als ein unübersichtlicher Verkehrsknotenpunkt ist.*[1] Hier trifft nichts zusammen, hier verliert sich alles nur in der Richtung Ural.

Früher war es wirklich einmal ein Platz, das heißt eine umbaute Fläche, die dem öffentlichen Leben diente. Eine braunstichige Photographie mit Polizeipräsidium, Lehrervereinshaus, Grand Hotel und Königstädtischem Theater aus dem Jahre 1898 beweist es. Das Standbild der Berolina beherrscht die Szene. Ihre ausgestreckte Linke gab den Berlinern Anlass zu philosophischen Betrachtungen. „Die streckt die Hand nach neue Steuern aus", so die einen in richtig falscher Grammatik. – „Nee, die weist die Leute den Weg inne ‚Palme'." Damit war die benachbarte „Wärmehalle" gemeint, ein städtisches Obdachlosenasyl.

Und noch viel früher, im März 1848, gab es Barrikaden auf dem Alexanderplatz, errichtet unter der Leitung des Tierarztes Friedrich Ludwig Urban (1806–1879) und besetzt auch von Theodor Fontane, der nahebei in der Jungschen Apotheke beschäftigt war. Die Kämpfe begannen. *Immer wieder gellten Schmerzens- und Todesschreie herüber. Später donnerten dazwischen Kanonenschüsse.*[2]

An den Alexanderplatz meiner Kindheit kann ich mich nicht mehr erinnern, nur noch an die Ruinenlandschaft der unmittelbaren Nachkriegszeit. Dafür aber hat sich der U-Bahnhof fest in mein Gedächtnis eingegraben, denn als Kind bin ich hier oft mit meinen Eltern umgestiegen, und noch 65 Jahre später taucht er in meinen Alpträumen auf. Er muss ein leichtes posttraumatisches Belastungssyndrom ausgelöst haben, denn immer wieder wache ich schreiend auf, weil ich mich in seinem Labyrinth verlaufen habe oder vor Züge stürze, die nach Orten wie Xüvoludique fahren.

Der Alexanderplatz reduziert sich also für mich weithin auf den U-Bahnhof gleichen Namens, genauer gesagt: auf die Bahnsteige der U2 (früher A), U5 (früher E) und U8 (früher D), die sich unter der Erde in einer H-förmigen Anlage begegnen, überlappen und durchdringen. Immer verläuft sich hier der Mensch und kommt auch nach jahrzehntelangem Training nie dort wieder an die Oberfläche, wo er das gern möchte. Die Ausgabe spezieller Navigationsgeräte lohnte sich schon, denn Eile tat beim Umsteigen, auch in die Stadtbahn, immer not, weil es in diesem Teil des U-Bahn-Netzes schon einmal heftig gebrannt hat.

Ein wortwörtlich rabenschwarzer Tag für die Linie A wurde der 4. Oktober 1972. In den frühen Morgenstunden entdeckten Gleisbauarbeiter einen brennenden Wagen in der Kehranlage des Bahnhofs Alexanderplatz. Löschversuche mit den Handfeuerlöschern vor Ort blieben erfolglos, so dass die Feuerwehr alarmiert wurde. Diese hatte bei ihrem Vorrücken von den Bahnhöfen Alexanderplatz und Luxemburgplatz bereits erhebliche Probleme durch Hitze und Rauchentwicklung. Die Stahlträger in der Kehranlage knickten durch die enorme Hitze schließlich ein, so dass der darunter befindliche Durchgang zwischen Centrum-Warenhaus und dem Hotel ‚Stadt Berlin' einbrach.[3] Auf einer Länge von über einhundert Metern stürzte die Tunneldecke ein, vierzehn Wagen wurden Opfer der Flammen. Damit der Betrieb im sogenannten demokratischen Berlin aufrechterhalten werden konnte, spendierte der liebe Klassenfeind aus der „politisch selbständigen Einheit West-Berlin" zwanzig stark gebrauchte Trieb- und Beiwagen des Typs AIIU.

Als West-Berliner kannte ich den Alexanderplatz nur als Geisterbahnhof auf der Linie D oder 8. Zugemauert waren die Aufgänge zu den Linien in Ost-Berlin, und die Durchfahrt war immer mit einer gewissen Angstlust verbunden: Würde jemand aus dem Osten einen Fluchtversuch wagen oder ein irgendwie verwirrter Westmensch auf den Bahnsteig springen, um „drüben" sein Glück zu suchen, angeregt vielleicht von Menschen wie Dean Reed, dem DDR-Cowboy aus den USA?

Geheiligt wird der U-Bahnhof Alexanderplatz gleich von zwei Gruppen deutscher Kulturschaffender, den Literaten und den Architekten. Für die erste Zunft ist das festgemacht an Alfred Döblin und seinem Roman *Berlin Alexanderplatz*: „Am Alexanderplatz reißen sie den Damm auf für die Untergrundbahn. Man geht auf Brettern ... Rumm rumm wuchtet vor Aschinger auf dem Alex die Dampframme." Die Architekten beten einen anderen an: Alfred Grenander aus Skövde in Schweden. Gelobt werden die „subtile, glitzernd-lichte Farbigkeit", die er dem Bahnhof verliehen hat, dies vor allem durch Terrakottaplatten in einem „ebenso beruhigenden wie raumweitenden grünlich-bläulichen Farbton", der von Platte zu Platte leicht differiert.

Den eigentlichen gestalterischen Clou des Alexanderplatzes stellt die Inszenierung des in dieser transparenten Architektur zusammenfließenden Verkehrs dar. Durch geschickt gesetzte Durchblicke kann der Nutzer an allen Bewegungen von Maschinen und Menschen teilhaben: an den ein- und ausfahrenden Bahnen, den sich füllenden und leerenden Bahnsteigen und der Verteilung der Fahrgäste über die vermittelnden Zwischenebenen. Als besonders eindrucksvoller ... Raumteil ist hier die große Eingangshalle am Ostende des Bahnhofs zu nennen: mit ihren vielfältigen Treppen- und Rolltreppenabgängen, die durch hochaufragende Mauerschilde voneinander getrennt werden, welche mit ihren Schrägen wiederum die fliesenummantelten rechteckigen Pfeiler dynamisch durchschneiden. – Auf den eigentlichen Bahnsteigen dienen diese Pfeilerformen dann der Betonung der Treppenanlagen. Die restlichen sind demgegenüber als einfache Stahlstützen ausgebildet, bei denen lediglich der obere Abschluss mit der Verdichtung des Nietbildes und einer Kämpferplatte gewisse Assoziationen zum Ausgangsmotiv einer klassischen Säule zuläßt.[4]

Der ganze Alexanderplatz als Kämpferplatte? 1848 mag es so gewesen sein. Und später? Zum Kämpfen bin ich nie hier ausgestiegen, weder aus der U- noch aus der S- oder der Straßenbahn, obwohl ja alles Leben Kampf sein soll – sondern um zu flanieren, mich zu amüsieren, zu arbeiten, zu recherchieren und zu leiden.

Ich weiß: Der Alexanderplatz ist die Summe unserer Erinnerungen. Aber von wegen, ich als West-Berliner hätte keine Erinnerungen an den Alexanderplatz. Doch, doch, ich habe sie!

Zu Mauerzeiten war es Brauch, dass wir West-Berliner zur Weihnachtszeit unsere Verwandten in der Straße der Pariser Kommune besuchten und mit ihnen zwischen Gänsebraten und Kaffeetrinken zum Weihnachtsmarkt marschierten. Nach dem später nicht mehr so gern gehörten SED-Motto „Deutsche an einen Tisch" aßen wir vor einem schön geschmückten Stand unsere Thüringer Rostbratwurst. Was es mit der „Nuttenbrosche" auf sich hatte, habe ich nie erfahren, denn es waren Kinder dabei.

Zwischendurch erfasste mich immer wieder der berühmte fromme Schauder, denn hier hatte ja einst das Berliner Polizeipräsidium gestanden und der große Ernst Gennat die abgebrühtesten Verbrecher zum Geständnis bewogen – allein dadurch, dass er ihnen etwas von seinen Torten, nach denen er süchtig war, auf den Teller tat und sie essen ließ.

Als der Herr Kriminalrat abgetreten und der Krieg vorüber war, hat die mordende Krankenschwester Elisabeth Kusian aus West-Berlin hier in den Ruinen ihre Leichenteile versteckt, hoffend, dass nach der Spaltung der Stadt die (Stumm-) Polizei der einen Seite nicht mit der (Markgraf-) Polizei der anderen Seite kommunizierte und ihr niemand auf die Schliche käme.

In der Zeit nach der Wende habe ich dann an diesem Orte gesessen und von einer Tribüne aus mit unzüchtigen Gedanken eine als Beachvolleyball getarnte Erotik-Show hochgewachsener und brasilianisch gebräunter Damen verfolgt.

Und mein guter Freund Dr. med. Jürgen Z. hat mich, der ich jeden Kalauer zu kennen glaube, bei einer Passierscheinfahrt in die sogenannte Hauptstadt der DDR mächtig hereingelegt. „Weißt du eigentlich, Horst, wer Alex Sander war?" – „Nein, ich kenne nur Otto Sander." – „Alex Sander war der, nach dem dieser Platz hier benannt worden ist."

Ja, ich halte es mit Jean-Paul Sartre und seinen Sätzen aus *Der Ekel*: „Um das banalste Ereignis zu einem Abenteuer werden zu lassen, ist es erforderlich und ausreichend, es zu *erzählen*. Damit schlägt man die Leute vor den Kopf: Ein Mann ist immer ein Geschichtenerzähler, er lebt, umgeben von seinen und den Geschichten anderer, durch sie hindurch sieht er alles, was ihm zustößt. Und er versucht sein Leben so zu leben, als ob er es erzählen würde."

Jürgen Z. beging leider Selbstmord. Deshalb schnell zu Geschichten, die keine Trauer auslösen ...

Zu denen gehören meine Signierstunden in der Galeria Kaufhof. In der Nacht vor einer solchen schlafen ich und viele meiner Kolleginnen und Kollegen meist schlecht, denn es ist fürchterlich deprimierend und entwertet ein ganzes Leben, wenn man eine ganze lange Stunde lang vereinsamt an einem Signiertisch sitzt – und der einzige Käufer einem dann auch noch das Buch eines Todfreundes zum Signieren hinhält. Hier im Kaufhof aber habe ich einmal zwei Stunden lang ununterbrochen Schönes in selbstverfasste Bücher geschrieben. Der Schmerz in der rechten Hand war herrlich, und ich habe ihn einrahmen lassen.

Schön waren auch die sieben Jahre, in denen ich regelmäßig vor Ostern und vor Weihnachten in die Redaktion der „Berliner Zeitung" eilte, um die jeweils sechs Folgen meiner Kriminalstories durchzugehen, in denen der Täter zu erraten war – auch wenn ich stets fürchtete, in den Maulwurfsgängen unter dem Platz, die nun zugeschüttet wurden, selber ermordet zu werden, was ja der absolute Gag gewesen wäre. Da mir aber Verlagsleute glaubhaft versichert haben, dass mein Tod die Auflagehöhen meiner Bücher nicht steigern würde, habe ich auf diese Art des Abschiednehmens vom Leben verzichtet. So viel wert ist mir der Alex nun auch wieder nicht, dass es ausgerechnet hier sein muss.

Ein andermal aber war meine Gesundheit an diesem Ort wirklich ernsthaft gefährdet. Das trug sich zu an einem Tag im Sommer 1998, als ich mich anschickte, mein „Bettel-Diplom" zu machen. Das war eine Aktion des „Straßenfegers", um Politikern und anderen gegen eine Gebühr von 180 Mark Gelegenheit zu geben, sich einen Tag lang einmal so zu fühlen wie ein Obdachloser. Drei Pflichtfächer gab es: Sitzung halten (sich als Bettler irgendwo hinsetzen), Kirchenstich (Pfarrer mit einer rührenden Geschichte um eine milde Gabe bitten) und den „Straßenfeger" verkaufen. Ich setzte mich mit einem Plastikbecher in der Hand in einen der geradezu mondänen Eingänge des S- und Regionalbahnhofs. Zwar steckten in meiner abgerissenen Kleidung 200 Mark, damit ich mit der Taxe nach Hause hätte zurückkehren können, falls mich die Polizei, wie es vorher anderen widerfahren war, aufgreifen und weit draußen an einer märkischen Müllkippe absetzen sollte. Doch ich litt minutenlang unter der Angst der Depersonalisation. War ich wirklich ich? Oder war ich nicht doch der Penner Hotte, als der ich hier hockte? Ehe ich mir darüber noch Klarheit verschaffen konnte, kamen die Hilfssheriffs und rissen mich hoch, um den Bahnhof zu säubern …

Ein wenig traumatisiert wurde ich auch einige Jahre später, als der Verband deutscher Schriftsteller an einem Solidaritätsbasar auf dem Alex beteiligt war und ich als Vorsitzender des Landesverbandes Berlin mitmachen musste. Neben mir hatte sich Monika Ehrhardt-Lakomy aufgebaut, meine Stellvertreterin, und alle kauften ihre Hörspielkassette vom „Traumzauberbaum" – aber niemand interessierte sich für meine Bücher …

Irgendwie gelte ich als jemand, der über den öffentlichen Berliner Personennahverkehr bestens Bescheid weiß. Und so gebe ich natürlich gern Auskunft, als ich eines Tages im Zwischengeschoss des U-Bahnhofs Alexanderplatz von einer Frau aus irgendwo im Rheinland angesprochen werde. Sie ist mit ihrer gehbehinderten Mutter zu Besuch in Berlin und möchte zum Mexikoplatz. Ich malträtiere mein Gehirn, um eine Route herauszufinden, auf der die alte Dame nur Rolltreppen vorfindet oder wenigstens Bahnhöfe, auf denen sie sich nur treppab bewegen muss. „Am einfachsten wäre es natürlich, Sie nehmen hier die U2 und steigen Wittenbergplatz in die U3 um, das ist derselbe Bahnsteig. Bis Endstation. Dann müssen Sie von Krumme Lanke bis Mexikoplatz mit dem Bus fahren …" Aber das überstehen ja gebrechliche Menschen selten ohne Oberschenkelhalsbruch. „Da ist es vielleicht doch besser, Sie fahren mit der S7 bis Wannsee und steigen Nikolassee in die S1 um … Aber da müssen Sie natürlich in Nikolassee über die ewig lange Brücke zur Wannseebahn …" Es folgen noch vier andere Vorschläge, die alle ihr Für und Wider haben. Als ich mit dem fünften beginne, fasst die Frau ihre Mutter am Arm. „Komm, wir gehen und nehmen uns eine Taxe."

Sie sehen, meine einschneidendsten Alexanderplatz-Erlebnisse betreffen den U-Bahnhof. Denn für mich gilt in diesem Falle die Variation einer alten Fußballerweisheit: „Wichtig ist unterm Platz."

1 Friedrich Wilhelm Lehmann, Berlin-Bummel um die Jahrhundertwende. Berlin 1961.
2 M. Dorothea Minkels, 1848 – ein Barrikadenheld. Aus dem Leben des Tierarztes Friedrich Ludwig Urban. Unveröffentlichtes Ms. Berlin 1998.
3 Denkmalpflege-Verein Nahverkehr Berlin e.V. (DVN), U2. Geschichte(n) aus dem Untergrund. Berlin 1995. S. 95.
4 Aris Fioretos (Hrsg.), Berlin über und unter der Erde. Alfred Grenander, die U-Bahn und die Kultur der Metropole. Berlin 2006. S. 322.

1985

1982

1984

1986

1987

1989

Uwe Kolbe Halbsätze, dem Alexanderplatz hingeworfen

Wenn ich an den Alexanderplatz denke, wenn ich irgendwo auf der Welt an den Alexanderplatz in Berlin denke, spielt sich eine Szene in meinem Kopf ab, und die Stimme in meinem Kopf sagt einen Satz oder gerade noch einen, aber mehr auf keinen Fall, mehr geschieht nicht bei Nennung dieses Platzes, jedenfalls nicht bei mir, nicht in meinem Kopf.

In der Szene tanzen zwei Hippiekinder von sechzehn, siebzehn Jahren in dem Womacka-Brunnen, der damals „Nuttenbrosche" genannt wurde. Damals, das waren die siebziger Jahre des letzten Jahrhunderts, ich weiß nicht, wie man ihn heute nennt, ob Volksmund ihn in den seither vergangenen Jahren umbenannt hat. Vielleicht kletterte zugleich, während die beiden Teenager unten im Wasser ausgelassen tanzten, ein anderer Sechzehn- oder Siebzehnjähriger von Schale zu Schale des Brunnens hinauf und reckte schließlich in der oberen sich auf und streckte die Arme in den Himmel, stolz und begeistert. Vielleicht handelt es sich auch um zwei verschiedene Szenen, die sich obendrein wiederholt haben mögen, wenn gerade kein Volkspolizist in der Nähe war. Unter den Augen eines Volkspolizisten fanden solche Szenen nicht statt. Unter dessen Augen bzw. unter denen mehrerer solcher Staatsbediensteter – sie traten selten allein auf – wären solche Szenen jedenfalls zu einem raschen Ende gekommen. „Die Ausweise bitte!", hätte es dann mit wahrscheinlich sächsischem Zungenschlag getönt. Das „bitte" füge ich an, weil ich die Aufforderung als Erwachsener mehrfach in dieser Form gehört habe. Den Jugendlichen hätte es wahrscheinlich entgegengeschallt: „Die Ausweise!", kaum mehr. Im Dreibuchstabenland hatte man den Ausweis mit sich zu führen, so hieß das wohl, ob beim „Trampen", wie wir Autostop oder *hitchhiking* nannten, an der Autobahn oder am Baggersee in der nassen Badehose, das machte keinen Unterschied, der Personalausweis war ständig mit sich zu führen oder so ähnlich. Um genau zu sein, wenn es uns hier um Genauigkeit zu tun sein soll, lesen wir es einmal in einem solchen Dokument nach: *Dieser Personalausweis ist Ihr wichtigstes Dokument. Sie haben deshalb: – den Personalausweis stets bei sich zu tragen, vor Verlust zu schützen und auf Verlangen den Angehörigen der Sicherheitsorgane der Deutschen Demokratischen Republik auszuhändigen bzw. anderen dazu berechtigten Personen vorzuzeigen* … Es handelte sich um eine sehr pädagogische Diktatur, nicht wahr? Doch ich schweife ab. Das hat etwas mit dem Alexanderplatz zu tun. Der Alexanderplatz – ich komme zu dem einen oder noch einem anderen, nur halben Satz – hat keine Chance. Er hatte nie eine Chance, das sieht der aufmerksame Betrachter schon in dem Film „Berlin Alexanderplatz", der 1931 in die Kinos kam, mit Heinz George als Darsteller des Franz Bieberkopf. Damals wurde der Alexanderplatz gerade wegen zweier neuer U-Bahnlinien aufgewühlt, so wie er ja immer umgegraben wurde, und man sah die Bauwände im Hintergrund der Außenaufnahmen. Die Berolina stand schon nicht mehr, das allegorische Riesenweib mit seiner wilhelminischen Geste auf seinem wilhelminischen Sockel. Doch was soll's: Was immer mit dem Platz geschieht, er hat keine Chance. Will sagen: Er wird nie schön sein. Städtische Plätze können doch sehr schön sein. Nehmen wir einmal den Campo dei Fiori in Rom oder die Piazza dei Miracoli in Pisa oder den heute wieder so genannten Gendarmenmarkt in Berlin mit gewissen Abstrichen. Letzterer ist ja auch einmal, zu Kaiser Friedrichs Zeiten, geplant und gebaut worden. Berlin hat „natürlich" keine wirklich schönen Plätze, wenn es auch Orte hat, die öffentlich zu preisen sich der Genießer jedoch verbietet um der Qualität ebendieser Orte willen. Der Savignyplatz ist allerdings bekannt genug, um ihn zu nennen. Der Alexanderplatz hat dafür inzwischen ein schönes Kaufhaus! Kompliment den Um-Bauern des Centrum-Warenhauses. Endlich, endlich ist es gelungen, ein Volumen zu schaffen, zu füllen, einen Innenraum auch, in dem man Luft holen mag beim … Kaufen. Wobei denn sonst? Ich schweife ab. Der Alexanderplatz ist hässlich. Das wäre der letzte halbe Satz, wenn er auch wie ein ganzer daherkommt. Wie kann hässlich sein, was einen beschäftigt, aus dem heraus, von dem weg das halbe Leben zu erzählen wäre, vielleicht sogar das ganze? Gern heische ich nach Belegen für anderes, doch ist kein anderer Befund zu haben als der einer erheblichen Hässlichkeit.

Nach einem ersten Blick auf einen Westberliner, also gesamtberliner Stadtplan, vermutlich patentgefaltet, vielleicht auch auf einen älteren mit den frischen Sektorengrenzen von jener Firma, welche stets die Bahnhöfe so neckisch als kleine Halbröhren darstellt, begriff ich, dass am Alexanderplatz, sprich: unter ihm, noch eine dritte U-Bahnlinie verborgen sein muss neben den beiden, die mir bekannt genug waren, eine aktive U-Bahnlinie auch diese, zu den sog. Geisterbahn-Linien gehörend, zu jenen U- und S-Bahnlinien, die unter Ostberlin resp. Berlin – Hauptstadt der DDR hindurchfuhren, ohne dass ein Bewohner letzterer Stadthälfte (die sich im üblichen Binnen-Sprachgebrauch genauso einfach „Berlin" nannte wie die andere Hälfte) sie normalerweise benutzen konnte. Von Stund an veränderte sich mein Verhältnis zu dem Platz. Erst machte ich es mir nicht klar. Ich durchquerte wie immer die hässlichen, grünlich gefliesten Labyrinthe, die ätzend langen, schier sinnlosen Gänge unter dem Platz, fuhr ein paarmal im Jahr von dem öden unteren Bahnsteig Richtung Tierpark Friedrichsfelde, meistens nur bis zu dem betrüblichen Fernbahnhof Lichtenberg, gelegentlich aber auch bis zur Endstation, also wirklich zum Tierpark oder zu einem verehrten Kollegen, der mit Blick auf das sog. Bärenfenster wohnte. Doch mein Blick auf den quasi verbotenen Plan der ganzen Stadt Berlin, er bewirkte eine systematische Zerrüttung meines Bildes, meines Gehens, meiner Anwesenheit am Alexanderplatz, eigentlich unter dem Platz. Ich rätselte immer mehr, wo denn nun die sichtbar fehlende U-Bahn verliefe, wo sie denn führe. Es musste parallel zum oberirdischen S-Bahnhof sein, irgendwo da. Ich schritt das Gelände ab und suchte nach Zeichen. Jemand hatte mir gesteckt, die neuen Sitzbänke vor dem Centrum-Warenhaus wären zugleich die Entlüftung der West-U-Bahn. Da waren auch solche Lamellen hinter den Waden der Sitzenden … Ich starrte, ich öffnete die Nasenflügel Richtung West-U-Bahn-Duft, doch vergeblich. Ich konnte das Rätsel nicht lösen. Übrigens auch später nicht, als ich verschiedentlich Gelegenheit hatte, unter dem Platz hindurchzufahren in der Geisterbahn, die nicht anhielt zwischen Heinrich-Heine- und Bernauer Straße, zwischen den Westberliner Stadtbezirken Kreuzberg und Wedding, obwohl da Stationen mit mir nur zu vertrauten Namen waren: Rosenthaler Platz oder Jannowitzbrücke oder eben Alexanderplatz, Ortsangaben, deren oberirdische Topographie mir geläufig war, ja, mehr als das: vertraut, normal, gewöhnlich. Von unten her, in dem trüben Licht der Geisterbahnhöfe, auf denen die Schemen von DDR-Grenzern auftauchten und im Dämmer verschwanden, während man sie beinahe nicht ausgemacht hatte, sie beinahe übersehen hatte … da war überhaupt nichts vertraut. Da fragte ich mich wieder und wieder, wie so etwas möglich war: Vivisektion einer Stadt Jahrzehnte hindurch. Als die Mauer fiel und damit nicht nur wiedervereint wurde, was in der Fläche nebeneinander existiert hatte als Ost und West, als geteiltes Loch im Arsch der Welt (um es mit Biermann zu sagen), sondern auch das Unterirdische sich dem Oberirdischen peu à peu wieder zuordnete, da geschah es eines Tages, dass ich das Labyrinth unter dem Alexanderplatz querte. Jäh war der Moment der Erkenntnis: Die frischen Durchbrüche, die nun Zugänge zur U8 darstellten, sie waren an den selbstverständlichsten Stellen. Sie gehörten dorthin. Es war zum Gähnen selbstverständlich, vollkommen unspektakulär, das Gegenteil von erstaunlich. Es musste immer so gewesen sein, es war baulich „normal", scheißgewöhnlich war es. Ich stand angewurzelt dort und dachte, was für ein Trottel ich also gewesen sein musste, immer noch war … Bis mir auch dies jemand nahm, bis mir wieder jemand etwas steckte: Man hatte zu DDR-Zeiten, irgendwann in den teilungskriminellen, abgrenzungsintensivsten Jahren der Ära Honecker, in den siebziger Jahren also, die älteren Fliesen, welche die Abgänge zur West-U-Bahn bedeckten, so dass man die Umrisse derselben noch hatte ausmachen können, ausgetauscht gegen gleichartige, gleichfarbige. Man hatte ganze Tarn-Arbeit geleistet, und ich Trottel war darauf hereingefallen, hatte mich von diesem billigen Maurer-Bluff davon abhalten lassen hinzusehen bzw. hatte ja doch, sogar mehr und mehr, hingeschaut, aber nichts gesehen. Berlin-Alexanderplatz, es war immer so: Augen zu und durch. Augen zu, Damen und Herren, dieser Platz hat keine Chance, er ist und bleibt der hässlichste Ort Berlins.

1983

1986

1979

1985

1980

1985

1985

1984

Alexander Osang   Die letzte Vorstellung

Im Oktober 1981, kurz vor meinem Tod, verabschiedete ich mich nacheinander von meinen Freunden. Anfang November wurde ich zur Nationalen Volksarmee eingezogen, ich ging davon aus, dass ich das nicht überleben würde. Ich hatte Geschichten von Manövern gehört, wo regelmäßig Soldaten unter Panzer gerieten, und mir war klar, dass ich dabei sein würde. Im Sommer hatte ich noch eine sechswöchige Reise an den Rand der Welt unternommen. Ich war nach Bulgarien getrampt, so weit, wie es damals ging. Meine Freundin Sabine hatte mich verlassen, während ich in Brno oder Stara Zagora an der Straße stand, um zu mir selbst zu finden. Es blieben also nur noch ein paar Freunde, denen ich auf Wiedersehen sagen musste. Der letzte war Andreas Schulz, Schulle, mit dem ich zehn Jahre lang zur Schule gegangen war.

Wir waren am Ende unserer Schulzeit gute Freunde gewesen, vielleicht weil wir die beiden Kleinsten unserer Klasse waren. Wir hatten unseren ersten eigenen Zelturlaub in Mecklenburg zusammen verbracht, den wir allerdings vorzeitig abbrachen, weil es ununterbrochen regnete und mein Fichtelberg-Zweimannzelt undicht war. Dann hatte uns unsere Lehrzeit getrennt. Schulle hatte Facharbeiter für Orthopädieschuhtechnik in Berlin-Weißensee gelernt, ich hatte eine Lehre als Instandhaltungsmechaniker für Pumpen und Kompressoren in Neubrandenburg absolviert. Wir trafen uns am letzten Oktobertag 1981 in der Greifswalder Straße wieder, wo wir unsere Kindheit verbracht hatten, und fuhren mit der Straßenbahn Richtung Alexanderplatz, ins Berliner Nachtleben.

Ich trug meine dunkelblauen Kordlatzhosen von Wrangler und meine Levis-Jacke, deren Markenschild meine Mutter aus dem Innenteil herausgetrennt und vorschriftsmäßig auf den Bund genäht hatte. Es war meine Disko-Uniform, denn ich wollte vor meinem Tod noch mal tanzen gehen, am besten in die Diskothek im Fuß des Berliner Fernsehturms, wo ich oft mit Sabine gewesen war. Es waren noch drei Tage bis zur Armee, ich hatte lange Haare, gerade noch so. In der Straßenbahn erzählte mir Schulle, dass er inzwischen trockener Alkoholiker war und auch schon einen halben Fluchtversuch hinter sich hatte. Er war in Sonneberg mit 500 Mark West aus dem Zug geholt worden und hatte keine richtige Erklärung dafür gehabt, wohin er wollte. Sie hielten ihn drei Monate lang in einer Art Jugendgefängnis fest, dann durfte ihn sein Vater abholen. Verglichen mit mir, hatte Schulle eine ganze Menge erlebt in den letzten drei Jahren. Vielleicht drehte ich deshalb zu sehr auf.

Wir stiegen an der Mollstraße aus und liefen auf den Fernsehturm zu. Zwischen Haus des Reisens und Hotel Stadt Berlin überquerten wir die Alexanderstraße, in der Mitte auf einem Parkstreifen standen ein paar Autos. Eins davon war ein alter, blau-weiß lackierter Wolga. Als wir an ihm vorbeiliefen, holte ich mein Schlüsselbund aus der Hose und tat so, als würde ich das Auto aufknacken. Ich tippelte dabei nervös hin und her – so wie es Benny aus der Olsenbande tat, den ich damals ziemlich gut nachmachen konnte. Schulle kicherte, und dann brüllte irgendjemand etwas. Ich sah vier Männer auf der anderen Straßenseite, vorm Haus des Reisens, sie schrien etwas in unsere Richtung, einer lief los und dann rannten auch die anderen. Sie waren etwa hundert Meter von uns entfernt, und sie sahen ziemlich wütend aus. Also rannte ich auch.

„Komm“, rief ich zu Schulle, der auf der anderen Seite des Wolga stand. Ich sah noch, wie er mit den Schultern zuckte, dann rannte ich über die Straße und in den Fußgängertunnel auf der anderen Seite, der zur U-Bahn führte. Ich rannte über den Bahnsteig und kam aus der anderen Seite wieder aus dem Tunnel. Ich stand auf dem dunklen, leeren Alexanderplatz, holte Luft und sah mich um. Schulle war nicht zu sehen, auch die Männer nicht. Ich lief ein bisschen hin und her, bevor ich mich langsam zurück an die Alexanderstraße wagte.

Die Männer standen an dem Wolga.

„Da ist der andere“, rief einer, als sie mich sahen. Einer, ein ziemlich großer Kerl, sprang mit einer sicheren Bewegung über das Straßengeländer und rannte auf mich zu. Ich flüchtete diesmal nicht in den Tunnel, sondern lief zum Hotel Stadt Berlin, wahrscheinlich weil ich unter Menschen wollte. Ich stürmte in die Eingangshalle des Hotels, die mit

Leuten gefüllt war, die in meiner Erinnerung Windjacken tragen, alt und unglaublich langsam erscheinen. Ich rannte in sie hinein wie in ein Versteck, dann kam der Mann und dann noch einer, ebenfalls groß und kräftig. Ich stand zwischen den Reisenden, hob die Arme, als sei eine Waffe auf mich gerichtet, und rief immer wieder: „Es war ein Witz!"

Aber die Männer lachten nicht.

Einer drehte mir den Arm auf den Rücken. So führten sie mich langsam aus der Halle. Die Reisenden in ihren Windjacken sahen uns interessiert an. Niemand stellte eine Frage. Sie sahen uns einfach nur an. Zwei kräftige Männer, die einen langhaarigen Typen in dunkelblauer Kordlatzhose und Levis-Jacke entführten. Vielleicht stellten sie sich Berlin so vor, wer weiß.

Nach fünf Minuten hielt ein Polizeiwagen vor der Eingangstür des Hotels, ein Polizist stieg aus und schob mich auf den Rücksitz, in meiner Erinnerung drückte er mir dabei den Kopf runter, so wie es amerikanische Polizisten tun, die Gefangene in ihre Autos laden, aber wahrscheinlich bilde ich mir das nur ein.

Wir fuhren nur eine kurze Strecke. Das Auto hielt vor dem riesigen grauen Betonblock der Volkspolizei in der Keibelstraße, der gleich hinterm Haus des Reisens stand. Hier hatte ich mir meine Visa für die letzte Reise meines Lebens geholt, aber diesmal benutzten wir einen anderen Eingang. Es war ein großes Metalltor. Die Polizisten führten mich durch weitere große Metalltore. In meiner Erinnerung öffneten und schlossen sich hinter mir mindestens zehn schwere Eisentüren, so lange bis ich den Eindruck hatte, von dieser Welt verschwunden zu sein.

Die letzte Tür war aus Holz, dahinter saß ein älterer Polizist an einem Schreibtisch. Er sah mich müde an. Die Tür schloss sich, er winkte mich in den Stuhl vor seinem Schreibtisch, zog eine Schublade auf, nahm ein Formular heraus, spannte es in eine Schreibmaschine und begann mir Fragen zu stellen.

Ich erklärte ihm meine Benny-von-der-Olsenbande-Parodie, aber er lachte nicht. Er schien sich über die Geschichte zu ärgern, weil sie nicht in seinen Fragebogen passte, nehme ich an. Vielleicht hatte er auch einfach die Nase voll von seinem Job. Vielleicht war er ein weiser alter Ostbulle, der schon zu viel gesehen hatte.

Ich erzählte ihm, dass ich einen Beruf gelernt, nebenbei Abitur gemacht hatte, dass ich Journalist werden wollte und in drei Tagen zur Armee musste.

„Was soll ich denn da noch mit einem Wolga?", fragte ich.

„Das weiß ich auch nicht", sagte der Polizist.

„Sehen Sie", sagte ich.

„Nu werden se mal nicht frech", sagte der Polizist.

„Tut mir leid", sagte ich.

Der Polizist sah auf sein Protokoll.

„Es war ein Witz", sagte ich. „Es sollte ein Witz sein."

„So ein Witz kann Ihnen Ihr ganzes Leben versauen", sagte der Polizist. Dann zog er den Fragebogen aus der Maschine und gab ihn mir zu lesen. Das Wort Olsenbande kam nicht vor, aber es las sich auch nicht so, als sei ich ein Autodieb.

„Das wars", sagte der Polizist. Er sah müde aus.

Ich stand auf und ging zur Tür.

„Reißen Sie sich in den letzten drei Tagen zusammen", sagte er noch, ohne aufzuschauen.

Ich wartete in einem kleinen Flur darauf, dass mich jemand wieder nach draußen in die Welt führte. Irgendwann ging die letzte Tür des Flures auf, und Schulle kam heraus. Seine Lippe war aufgeplatzt, sein rechtes Auge völlig zugeschwollen. Er sah mich an, zuckte mit den Schultern und setzte sich auf den Stuhl, der neben seiner Tür stand. Ich blieb auf meinem Stuhl sitzen. So saßen wir schweigend da, zehn Meter voneinander getrennt. Schulle sah wirklich übel aus. Sie hatten ihn länger befragt als mich, wahrscheinlich weil er schon mehr auf dem Kerbholz hatte oder weil er, mit seinem Glück, nicht so einen müden Polizisten abbekommen hatte wie ich. Schulle hatte nicht mal eine Olsenbandengeschichte zu erzählen, er hatte ja nichts gemacht. Nicht mal einen Witz. Ich hoffte, er war nicht zu sauer auf mich. Ich hatte ihm die ganze Scheiße eingebrockt.

Irgendwann führte uns ein Polizist raus, beim Rückweg, so schien es mir, mussten wir nicht mehr durch ganz so viele

Stahltüren. Wir liefen wieder über die Alexanderstraße, der Wolga war verschwunden, die Männer waren einfach weitergefahren, nach Hause wahrscheinlich. Wir brauchten nicht mal zehn Minuten aus dem Knast bis zur Disko im Fernsehturm, seltsam wie dicht das alles zusammenlag.

Wir gingen dann aber nicht tanzen, Schulle hatte keine Lust mehr, ich denke, es lag an seinem zerschlagenen Gesicht, aber das sagte er nicht. Wir gingen in das Café am Fernsehturm. Ich trank zwei Weinbrand, Schulle zwei Colas. Er sagte mir, dass die Männer aus Greifswald gewesen waren, irgendwelche Seeleute, sie hätten sofort zugeschlagen. Ich redete irgendwas von Körperverletzung und Klagen, aber wir glaubten beide nicht daran. Dann gingen wir, ich bezahlte alles. Ich glaube, es war eine Sonnabendnacht, aber der Alexanderplatz war dunkel, leer und weit. Ich fühlte mich entsetzlich niedergeschlagen, so als hätte ich meine letzte Chance verpasst. Vielleicht lag es an dem Platz mit dem großen Namen, der mir immer irgendwie mehr versprach, als er halten konnte. Je weiter wir uns vom Alexanderplatz entfernten, desto mehr ließ das Gefühl nach. Auf der Greifswalder Straße verabschiedete ich mich von Schulle, ich war seltsam erleichtert, als er in der Dunkelheit verschwand. Ich hatte gerade noch mal Glück gehabt. Ich war neunzehn Jahre alt. Am nächsten Tag ging ich zum Friseur und ließ mir meine langen Haare abschneiden.

Ich riss mich die verbleibenden Tage zusammen, ich überlebte die anderthalb Jahre Armee und auch die DDR.

Ich habe Schulle nie wieder gesehen. Ein paar Jahre später erzählte mir jemand auf einem Klassentreffen, er habe ihn mal getroffen. Er sei an Krücken gelaufen und habe ausgesehen wie ein alter Mann. Vor ein paar Wochen bin ich noch mal zu seinem Haus gegangen, aber es war ein neuer Name an der Klingel. Ich hätte ihn suchen können, aber Andreas Schulz ist ein ziemlich gewöhnlicher Name in Deutschland, in meinem Jahrgang vielleicht der gewöhnlichste Name überhaupt.

1983

1. Mai 1982

„Posthorn" 1981

1. Mai 1982

2005

Jutta Voigt Der Wind hat mir ein Lied erzählt

Der Alex hat nur eine treue Liebe – den Wind. Der weht über den Platz, nicht aufgehalten von Baum oder Strauch, nicht von Hütte oder Hochhaus, Kahlheit ist das Schicksal vom Alexanderplatz. Der Wind weht weg, was bleiben will. Was Zuflucht sucht und Halt. Was sich einrichten will auf dem Rand des Brunnens der Völkerfreundschaft, auf den Treppen zu den rummelbudigen Flachbauten, in denen Saturn die verkabelte Welt verkauft. An der Weltzeituhr kuscheln sich gelegentlich winzige Grüppchen unter eine Rote Fahne und starten von dort aus die mühselige Unternehmung, den Lauf der Dinge doch noch zu wenden. Einmal ertönte wie aus einem Geisterreich die Stimme von Ernst Busch: „ ... dann steigt aus den Trümmern der alten Gesellschaft die sozialistische Weltrepublik." Irren ist menschlich, abgelaufen die Uhr, leer die Batterie.

Der Wind repetiert dem Alex sein Lied von Sehnsucht und Betrug, Leichtsinn und Reiselust, Armut und Heimatlosigkeit. Haste mal 'n bisschen Kleingeld, haste mal 'ne Fahrkarte? Demütig summt sich der Refrain der Bedürftigen in die Gleichgültigkeit der Passanten. Der Wind weiß von Franz Biberkopf, dessen literarische Existenz den Alexanderplatz zum Tatort der menschlichen Tragödie machte. Mit der Anamnese-Akribie des Mediziners beschrieb ihn der Arzt Döblin, der filmsüchtige Fassbinder verewigte Biberkopf, den Mann vom Alexanderplatz, in Bildern, die den deutschen Wohnzimmern zu dunkel waren und dreißig Jahre später aufgehellt wurden in aufwendigen Prozeduren. Biberkopf und sein „Hunger nach Schicksal".

Bagger baggern, Bohrmaschinen rattern, in der Luft dröhnt Neubeginn. Wie immer am Alex. Wie damals, 1960, als Massen von Mäusen verwirrt vom Baulärm und ratlos über den Platz rannten, Vertriebene auf der Jagd nach einem neuen Zuhause, das sie dann im Ungarischen Pavillon fanden, wo ich in Ferienarbeit angestellt war, dem Publikum die Erzeugnisse der Magyaren zu präsentieren. Wenn ich kam am Morgen, saßen sie auf meinem Schreibtisch, Mäusemütter, Mäuseväter, Mäusekinder, im Ausstellungsraum roch es nach Mäusepisse. Ich holte den Kammerjäger, und ach, es wurde immer schlimmer. Da lagen sie, hingestreckt auf dem Boden, in den Ecken, im Schaufenster, zwischen den ungarischen Exponaten, Großfamilien von Mäusen – mausetot. Und ich, die Mäusemörderin, ergriff die Flucht. Ich schloss den Todespavillon ab und lief in die nahe gelegene alte Markthalle mit ihrem Duft nach sauren Gurken, Blumenerde und Leben.

Der Alex ist ein Filter, hängen bleibt das Schicksalhafte. Anfang der Achtziger war ich zu einem Essen mit Freunden im Panoramarestaurant vom Hotel Stadt Berlin, 37. Etage. Fondue und Wodka. „Morgen kommt die Mauer weg", haben wir gesungen am Ende des Abends, immer wieder und voll besoffenen Übermuts: „Morgen kommt die Mauer weg." Die Kellner taten, als hätten sie Ohropax in den Ohren oder hielten nicht für möglich, was sie hörten: Morgen kommt die Mauer weg.

Der trunkene Ruf wurde erhört, acht Jahre später, der Alex war Zeuge, es sind fünfhunderttausend gewesen im November '89. Fünfhunderttausend Träumer im Taumel des Wandels – der Wind weiß Bescheid über ein Volk, das endlich das Volk sein wollte und es wurde für einen seligen Augenblick. Eines Tages im Jahr '99, zehn Jahre danach, hing an der Fassade vom Haus des Lehrers das schwarze Tuch mit der gelben Schrift, 33 Meter lang, 23 Meter breit: „Wir waren *das* Volk." Das Imperfekt als Provokateur. „Eine Erpressung von betörendem Reiz", schrieb einer, den ich gut kannte und der seit kurzem tot ist.

Auf dem Alexanderplatz ist alles von kurzer Dauer. Da herrscht das Vorläufige, durch das der Wind geht wie der Kontrolleur des Prinzips Hoffnung. Wind gibt es massenhaft am Alex, befand schon Franz Biberkopf. Wind vertreibt Wolken, jeder Luftzug bedeutet Veränderung, jede Brise Aufbruch. Waren nicht gestern noch die Indios hier mit ihren Panflöten, und wo sind die Propheten? Jesus schrien die einen, Trotzki die anderen, Tierschutz die nächsten; wo Großstadt ist, ist auch Bekehrungswille. Jesusjünger, Stalinisten, Sodomisten, Punkerkinder – der kahle Alex zerstreut in alle Winde, was ein Heim ersehnt. Das hier ist ein Warteraum, hier herrscht Durchzug, die Koffer stehen bereit. Nur die Pelzmützenverkäufer sind sesshaft, sie verkaufen rote Fuchsfelle und graue Gasmasken, egal, ob Sonne, Regen oder Sturm. Wo eigentlich sind die

Hütchenspieler geblieben, die windigen Burschen, geschickt und gemein? Ananas, Caracas, eins, zwei, drei, musst aufpassen, wo Kuggel ist, hast nicht aufgepasst, Mensch. Der Dünne mit dem Aktenkoffer und den Erdbeeren im Netz hatte genau gesehen, wo sie war, die Kugel, da war sie aber nicht. Weg das Geld, die Hoffnung bleibt.

Wie jaulten die Polizeisirenen, als die D-Mark anrollte in den Tagen vor der Währungsunion, in dunkelblauen Mercedesbussen, die vor Überfällen geschützt werden mussten. Als erster Berliner hob der Kohlenträger Hans-Joachim Corsalli sein Geld bei der Deutschen Bank am Alexanderplatz ab, sieben Stunden hatte er vor der Tür der provisorischen Filiale gewartet. So ein Tag, so wunderschön wie heute, so ein Tag, der dürfte nie vergehn, hatte er gejubelt, hatte vor dem Centrum Warenhaus Beck'sbier aus Pappbechern geschluckt und freudetrunken die Eröffnung des Mediamarkts Saturn begrüßt, endlich „Fideos".

Um Saturn kommt keiner rum. In den Neunzigern hatte ich Glück im Großraumladen. Ich brauchte einen neuen Fernseher. Im Allgemeinen gibt es bei Saturn viele Ratsuchende und wenig Ratgeber. Auf mich aber kam ein Verkäufer zu, dem die Kompetenz ins Gesicht geschrieben war. Er erläuterte mir eifrig die Vor- und Nachteile jedweden Modells: was diesem am Sound fehle und jenem an der Form, warum dieser vom Preis her günstig sei und was jener an Leistung böte. Der Mann konnte gar nicht aufhören zu erklären, zu beschreiben, zu fachsimpeln, er tummelte sich in seinem Element wie ein Fisch im Wasser. Als ich mich endlich entscheiden durfte, bedauerte er, dass er den Verkauf nicht bis zu Ende betreuen könne, er sei gar kein Verkäufer. Er käme ein-, zweimal die Woche, meistens Donnerstag, zu Saturn und berate die Kunden. Seinen Mantel ließe er im Auto, in Hemd und Hose halte man ihn ganz selbstverständlich für einen Saturn-Angestellten. Früher sei er Ingenieur bei RFT gewesen, Rundfunk- und Fernmeldetechnik Treptow. Der Mensch braucht Anerkennung, hatte der heimliche Verkäufer gemurmelt und sich gespannt dem nächsten Kunden zugewandt.

Aus den U-Bahn-Gängen dringt warmer Hauch und pustet die Schwermutsmelodien, die Osteuropa auf Akkordeons leiert, raus auf den Platz: Wenn es Abend wird in der großen Stadt – die Moskauer Nächte alternieren mit Kalinka und dem Air von Bach. Ein Rollstuhlfahrer hat einen Bauchladen mit Bratwurstgrill auf dem Schoß: Geht alles, wer will, der kann – soll ich ihm eine Bratwurst abkaufen? Ich gehe lieber in den schönen neuen Kaufhof – „ein Jahr World class Shopping". Im Erdgeschoss bei der Conditorei Röntgen esse ich eine Amarettokugel zum Café crema. Raten Sie mal, wie alt die beiden Damen hier sind, fordert mich die Verkäuferin auf. Ich zögere. Sagen Sie ruhig! Sechzig, schätze ich. Achtzig sind sie, die beiden großen Blonden: Wir hatten ein schweres Leben – die Schwestern deuten Schicksal an.

Ob der Hunger nach Schicksal der Hunger nach Ewigkeit ist oder die Sehnsucht nach Liebe, weiß allein der Wind, der dem Alex die Treue hält.

1990

2006

Große Ereignisse
verlangen große Plakate
C&A freut sich auf die Neueröffnung im September – hier am Alex!
C&A
B·R·C

2006

1989

2004

1. Mai 1986

1. Mai 1982

Die Autoren und der Fotograf

Christian Bahr, Journalist, Sachbuchautor („Berlins Gesicht der Zukunft", „Geteilte Stadt" u.a.)
Horst Bosetzky, Romanautor („Brennholz für Kartoffelschalen", „Die Bestie vom Schlesischen Bahnhof", „Kappe und die verkohlte Leiche" u.a.)
Thomas Brussig, Romanautor, Drehbuchautor („Helden wie wir", „Am kürzeren Ende der Sonnenallee", „Wie es leuchtet" u.a.)
Markus Deggerich, Journalist (Der Spiegel)
Christoph Dieckmann, Journalist (Die Zeit), Autor („Das wahre Leben im falschen", „Rückwärts immer. Deutsches Erinnern" u.a.)
Jan Eik, Romanautor („Der siebente Winter", „Der Ehrenmord" u.a.), Sachbuchautor („Besondere Vorkommnisse" u.a.)
Harald Hauswald, Fotograf („Ost-Berlin", „Gewendet", GEO, Stern), http://www.harald-hauswald.de
Freya Klier, Dokumentarfilmerin, Autorin („Wir Brüder und Schwestern", „Gelobtes Neuseeland. Fluchten bis ans Ende der Welt" u.a.)
Uwe Kolbe, Schriftsteller („Thrakische Spiele", „Diese Frau. Liebesgedichte" u.a.)
Katja Lange-Müller, Schriftstellerin („Böse Schafe", „Die Enten, die Frauen und die Wahrheit. Erzählungen und Miniaturen" u.a.)
Alexander Osang, Journalist (Berliner Zeitung, Der Spiegel), Romanautor („Die Nachrichten", „Lennon ist tot" u.a.)
Lutz Rathenow, Autor („Ost-Berlin", „Gewendet" [beide mit Hauswald], „Gelächter, sortiert")
Lars von Törne, Journalist (Der Tagesspiegel)
Jutta Voigt, Reporterin (Berliner Zeitung, Die Zeit, GEO u.a.) und Autorin („Der Geschmack des Ostens", „Wahlbekanntschaften – Menschen im Café" u.a.)
Peter Wensierski, Journalist (Der Spiegel), Sachbuchautor („Gottes heimliche Kinder", „Schläge im Namen des Herrn" u.a.)